意大利旅游指南

ITALY

浓情地中海

外交官带你看世界

意大利

何承伟
丛书总策划

董志仁 著

上海故事会文化传媒有限公司
上海锦绣文章出版社

名誉顾问

王　殊　外交部外交笔会会长、外交部前副部长

吉佩定　中国前外交官联谊会会长、外交部前副部长

总策划

何承伟　上海文艺出版集团总编辑

主　编

张　兵　外交部外交笔会副会长

外事顾问

刘一斌　外交部外交笔会副会长

汤铭新　中国前外交官联谊会副会长

马恩汉　中国前外交官联谊会副会长

刘振堂　中国前外交官联谊会副会长

英语顾问

施燕华　外交部外语专家、中国翻译协会常务副会长

文稿审定

外交部外交笔会图书审核小组：

黄桂芳　尹承德　陈久长　朱祥忠　潘正秀　陆苗耕

编辑与营销

冯　杰　李　欣　夏青根　李　平　谢奕青　冯维恩

杨　婷　汪冬梅　赵卓琳　高淑芳　程　俊

流程管理

韩　洁　王玉楠

设计总监

周艳梅

装帧设计

王　伟　孙　娴　费红莲　杨超琼　张独伊

广告与宣传

吴珏伟

特约审校

王瑞祥

部分图片摄影

黄　橙　郑良泉　陈　路　厉　强

美丽的苏莲托

跟着外交官到地球别处去看看

一年前,我在上海遇到一对老人,他们俩一退休,就去欧洲旅游了85天。

出于好奇,我问他们:"难道你们在中国都游遍了?"

他们说:"没有。我们是先游远的,后游近的。"

我又问:"你们俩不懂英语,没有出过国,又不靠旅行社,是什么力量支撑你们去周游世界的呢?"

老人意味深长地说:"人都怕死,但更怕没有目标。年轻时有年轻时的目标,今天有今天的目标。"

"那你们今天的目标是什么?"

"今天,我们就盼望着到地球的别处去看看。"

听了这对老人的话,我才感悟到:"富起来的中国人,盼望着到地球的别处去看看。"——这就是世界旅游业普遍感到"寒气逼人"时,中国出境游市场仍处于上升通道,保持两位数增幅的原因。

这对我一个出版工作者来说,不仅是个服务的机会,更是一个发展事业的机会。

所幸的是,在一个偶然的机会,我遇到了一大批前外交官。他们不仅熟悉如今中国人的需求,同时也了解曾经工作过的国家的情况。他们在岗位上时,是中国人民与所在国人民的友谊使者,今天,他们是否可以把自己多年的积累和感受,浓缩在一本10万字不到的图书之中,通过这本书,架起一座国与国之间的友好桥梁?

于是,一套富有创意的系列图书诞生了:《我们生活在同一个地球——外交官带你看世界》。在这套图书出版的过程中,我们还得到了有关国家的驻华大使馆、旅游机构人员的大力支持,他们不仅提供精美的图片,有的还制作了反映该国旅游资源的光盘,力争使《我们生活在同一个地球——外交官带你看世界》成为立体展示该国家旅游资源的全媒体图书。

我和我的同事们力争这套大书,能在2010年5月,上海世博会期间陆续出版。届时,至少有7000万中国和世界的朋友相聚在浦江两岸。这套书就不仅在中国人出境旅游时起到作用,即使在世博会期间,也能在参观者与参展国之间架起一座座桥梁。

《我们生活在同一个地球——外交官带你看世界》第一批约40种,今后力争做到凡是中国人出境游所涉及的国家都能出版一本。同时,为了使我们的成果具有持续性,我们每年都会对这套书进行修订,提供最新的文化信息和实用信息,使中国的读者,慢慢产生一种概念:要出境旅游,就找《我们生活在同一个地球——外交官带你看世界》,届时,这套书就将成为中国图书市场上的一个响当当的品牌产品。

2010年5月

上海文艺出版集团 总编辑

致辞

我特别高兴地应作者之约，为一本以介绍意大利南北最美最著名的50来个景点为主题的书作序。作者董志仁先生曾在意长期居住，对意十分了解，已成功出版过关于意大利的书，现再次决定与他人分享对意大利的热爱，向读者们奉献根据他在意长期亲身经历为基础而写的意大利旅游指南。

　　意大利作为自然和艺术资源最丰富的国家之一，位列联合国教科文组织《世界遗产名录》之首，是世界各地旅游者向往的目的地。近年来，越来越多的中国朋友选择前往意大利。从我获悉旅游者对意的评价来看，中国朋友们不仅从未失望，甚至都为我国的各种美景、丰富的艺术和文物、易于烹饪的各种美食和我国人民的热情善良而深深打动。

　　我非常高兴上海文艺出版集团决定为2010年上海世博会出版一套各国旅游文化丛书。世博会上，我们将通过意大利馆，努力向人们介绍我国的城市传统，并同时向世人展示代表现代先进科技、创新和实效的新意大利。明年，我们将把我国的一角搬到上海。但无论如何，这代替不了人们前往意大利度假的激情。

　　我相信本书将取得成功，其丰富的内容将有助于推动意大利与中国两个友好国家之间——我总是爱说——两个超级文化大国之间关系的发展。

　　顺祝阅读愉快！

意大利驻华大使 谢飒

2009年5月

意大利既是一个古老文明的国家,又是一个具有现代经济,先进科技、文化和教育的发达国家。以名胜古迹而言,整个国家就是全球最大的露天博物馆;以自然景色来说,犹如一个风光秀丽的世界大花园;以风土人情而论,又颇具独特韵味,人民友好热情。总之,这个国家有着无穷的魅力,是深受世人喜爱的旅游胜地。

中意两国相隔万水千山,但双方的友谊与合作在不断加强。2009年7月5—8日,胡锦涛主席对意大利进行的国事访问极其成功,推动了双方业已存在的全面战略伙伴关系和友好合作关系。在此期间,由我国20多个省市200余家企业的近300名代表所组成的"中国贸易投资促进团"与意方500多家企业代表共同出席"中意贸易合作论坛暨企业洽谈会",签署了贸易、环保等领域的多项合作协议。胡主席赞扬双方的合作说:"近年来两国在各领域的合作全面推进,取得丰硕成果。"

我作为中国驻外的一名外交官,在中国驻意大利使馆和驻米兰总领事馆工作有年,曾任二秘、一秘、领事、参赞等职。我到过意大利许多大小城镇,结识了不少意大利官员和各界人士,耳闻目睹意大利社会及风土人情,印象十分深刻。特别值得提及的是:我于1985年春奉命率先遣组赴米兰建立总领事馆。我作为在意大利领土上出现的第一个中国领事前往执行公务,时间紧,任务重,在领导和同志们的帮助以及米兰市政府各有关部门的通力合作下,圆满完成了肩负的重任,使米兰总领事馆按时挂牌,正式对外办公。新建总领馆的工作受到当地政府和我领区华侨华人的高度赞扬。

2010年，我们将迎接中意建交40周年，中国还将在意举办"中国文化年"活动，我对中意关系的新发展感到由衷高兴。2010年也正是上海举办世博会之年，相信这是一届"成功、精彩、难忘"的全球盛会，相信意大利馆会受到广大观众的欢迎。

　　上海是我国重要的大都市，已具备条件发展成为国际金融中心和国际航运中心。上海与意大利的合作在日益加强。上海与米兰早就建立了友好城市关系。在世博会开幕之际，上海文艺出版集团决定出版《我们生活在同一个地球——外交官带你看世界》丛书，这无疑是一项大有裨益的举措。何承伟总编为此不辞辛苦，精心指导，呕心沥血，感人至深。

　　本书承蒙意大利驻华大使谢飒阁下作序，并得到意大利驻华使馆新闻参赞巴德妮、文化参赞巴尔巴拉、文化专员博艾达的指导和帮助，在此一并敬陈谢意。

董志仁

2009年11月于北京

威尼斯叹息桥

目录

❶ 充满魅力的文明古

❷ 古色古香的罗马及令人陶醉的那不勒斯

❸ 具有特色风貌的佛罗伦萨、比萨及威尼斯

目录

振奋人心的工业三角洲米兰、热那亚和都灵

意大利的传统与文化、教育

旅游贴士

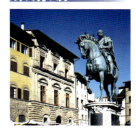

意大利概况

意大利概况
General Description of Italy Darussalam

国名	意大利共和国（The Republic of Italy）
国旗	
国徽	
国花	雏菊
国石	珊瑚
国土面积	30.1万平方公里
人口	5913万人
官方语言	意大利语
首都	罗马(Rome)
国歌	《马梅利之歌》
国家代码	ITA
宗教	天主教
气候	意大利大部分地区属亚热带地中海气候。年平均气温1月2～10℃，7月23～26℃。年平均降水量500～1000毫米。
电话区号	+39
时区	UTC+1
道路行驶	靠右行驶

货币　欧元(€，EUR)

主要旅游城市：罗马、威尼斯、米兰、佛罗伦萨、热那亚、都灵、比萨、博洛尼亚、里米尼、那不勒斯、庞贝、普利亚、巴里、波尔查诺、卡坦尼亚、巴勒莫、卡利亚里、奇维塔韦基亚、萨沃纳、维罗纳

特色美食：披萨饼、意大利面、黑墨鱼面、米兰利索托米饭、牛排、帕尔马生火腿、奶酪、橄榄、葡萄酒、威尼斯冰激凌、意式咖啡

地理位置：意大利位于欧洲南部，包括亚平宁半岛以及西西里岛、撒丁岛等岛屿。北以阿尔卑斯山为屏障与法国、瑞士、奥地利和斯洛文尼亚接壤，80%国界线为海界。东、西、南三面临地中海的属海亚得里亚海、爱奥尼亚海和第勒尼安海，并且与突尼斯、马耳他和阿尔及利亚隔海相望。

地区划分：意大利分为阿布鲁佐（Abruzzo）、巴斯利卡塔（Basilicata）等20个大区（regione），其中弗留利－威尼斯朱利亚（Friuli–Venezia Giulia）、萨丁（Sardegna）、西西里（Sicilia）、特伦蒂诺－上阿迪杰（Trentino–Alto Adige, Trentino–Südtirol）、瓦莱达奥斯塔（Valle d'Aosta, Vallée d'Aoste）5个政区拥有自治权。

比萨古城

1

We all live on the same planet

充满魅力的文明古国

6

优越的地理环境和宜人的气候

著名英国诗人雪莱十分钟情于意大利，他饱览异国风光后感叹道："我们一到意大利，秀丽的土地和明朗的天空就使我们的情感起到了强烈的变化。"诚然，这里的土地是诱人的，天空是蔚蓝的，阳光是明媚的，海水是清澈的，空气是新鲜的。

地中海边的一只靴子

亚平宁半岛位于欧洲南部，形如地中海边的一只靴子。意大利共和国就坐落在这半岛之上，意面积30.1万平方公里，是个多山之国，山地、丘陵、平原各占总面积的35%、42%和23%。领土大陆部分囊括阿尔卑斯山、亚平宁山两大山脉和西西里岛、撒丁岛两大岛屿及波河平原等，最高点是与法国接壤的勃朗峰，海拔4810米。意大利幅员并不十分辽阔，但地形、地貌和海域却比较复

精美的建筑是意大利的一大看点

杂。复杂的地质历史、海洋与大陆的沧桑变换，多变的气候，使岛上水晶岩、沉积岩和火山岩发育充分。同样的原因，又形成了岛上丰富的地貌，既有巍峨的高山、广阔的平原，也有秀丽的海滨、弯曲的河流、碧波荡漾的湖泊和大大小小

意大利中南部农场

悠久的历史隐藏于古老的建筑中

看点 亚平宁半岛是联结欧洲同亚非各国的纽带。
See the world with a diplomat

8

we all live on the same planet

夜色撩人的城市

的岛屿。意大利三面靠海，海岸线7200多公里，海岸轮廓多样化。亚得里亚海海岸是直线形的，第勒尼安和爱奥尼亚两海海岸却是犬牙交错的。意大利南端与北非的突尼斯隔海相望，有利的地理位置，方便了它与非洲各国和阿拉伯世界的联系，因此，人们把亚平宁半岛看成是联结欧洲同亚非各国的纽带。

地中海式气候

意大利气候温和、阳光充足。整个半岛处于温带的地理位置，但各地气候特征不尽相同。全国大部分地区属地中海式气候，年均气温1月2℃—10℃，7月23℃—26℃，在阿尔卑斯山山区，地势越高，气温越低。这一地区冬季常常大雪纷飞，是滑雪的好去处。在阿尔卑斯山山麓湖区地带，由于高山挡住了来

自北欧的寒流，加上湖水使悬殊的温差得以温和，气候十分宜人。在西北部的利古里亚大区，因为山地和海水产生的影响，热那亚一带气候温和、舒适。

圣乔瓦尼洗礼堂

波河平原属于亚热带和温带之间的过渡性气候，气压低，潮湿。在米兰、博洛尼亚地区冬季常有大雾，有时也下雪。全国降雨量不均，年降雨量平均约500—1000毫米。北部山区降雨量最大，中部次之，南部西西里岛和撒丁岛地区降雨量很小。

意大利半岛地处地中海地区的中心，虽然周边临海，但仍然是欧洲大陆不可分割的一部分。优越的地理位置使它发挥了十分重要的地缘作用。意大利有几千年的悠久历史和古老文明，是欧盟的重要成员国之一，在欧洲和地中海沿岸国家中具有重要地位并发挥重要作用。意大利优越的地理位置和良好的气候为发展旅游事业提供了十分有利的条件。它是一个旅游资源十分丰富的国家。建议你假期赴意旅游，因为闻名于世的古罗马遗迹值得你去看一看，丰富的文化艺术遗产需要你去目睹，优美的自然风光等着你去观光，悦耳的音乐和优美的歌剧欢迎你去欣赏，AC米兰的足球赛期待你去观看，特色鲜明的饮食请你去品尝，该国的民风习俗有待你去

了解，意大利人的热情好客让你亲身体验……总之，相信你会不虚此行。

Tips

气候与衣着

意大利半岛东、南、西三面靠海，北部是阿尔卑斯山，阳光充足，气候温和。全国三个气候区各有不同特点：（一）中南部罗马一带是较典型的地中海气候。（二）巴丹平原属于亚热带和温带之间的大陆性气候，气压较低，气候潮湿。米兰和博洛尼亚地区冬季常有大雾，冬冷夏热。（三）阿尔卑斯山地区气温较低，冬天常常下雪，在北部山区，地势越高，气温越低。而在北部山麓科莫湖、马乔列湖及西北部的热那亚、圣雷莫地区，气候却十分温和。

赴意旅行着装要根据不同季节和不同地区而定。如春夏去中南部旅行，穿短袖、长袖上衣均可，秋冬季则需要带毛背心、毛衣之类。如冬季到北方城市，一定要有大衣。当然，意北方的冬天没有中国北方那么冷。

在正式会见客人或到剧院观看演出时，男士要穿西服，女士要穿高雅漂亮的衣服并佩戴首饰。

历时一千二百多年的古罗马

罗马建城

穿着古罗马军服的"将领"

星移斗转，冬去春来。"时间老人"一页页地翻过年历，2763年就这样一晃而过。2763年前，即公元前753年，罗马建城。从那时算起，直至公元476年西罗马帝国灭亡，前后经过1200余年，这就是古罗马政权的统治时期。历时1200多年的

西班牙广场正前方的购物街

古罗马，如过眼烟云，但它昨日的辉煌却仿佛又在我们眼前。不是吗？当我们漫步在今天的罗马街头，所看到的古罗马市场，即罗马帝国的所在地，它是帝国的政治、经济、文化、宗教活动中心。在这座"露天博物馆"里，有元老院、法庭、庙宇、宫殿和凯旋门等建筑物的遗迹。附近的古罗马斗兽场、金宫、浴场以及相距不远的万神庙、天使古堡、水道等名胜古迹也历历在目，古罗马的文明离我们实在是太近了。

跨越人类历史一千多年的古罗马，经历了王政、共和及帝国三个时代。

帝国时代

帝国时代是古罗马疆域最大的时期，也是古罗马最强盛的时期。公元前55年，恺撒大帝率军征服高卢（今日法国）后，用极短的时间，在莱茵河上架起了第一座桥梁，使整个大军顺利渡河。此后的几百年间，日耳曼人一直处于古罗马军队的铁蹄之下。帝国时代历时500多年，其鼎盛时期是公元1—2世纪。在离斗兽场不远的地方，我们可以清晰地看到路边的一堵旧墙壁上绘有一幅古罗马帝国的地图。从图中可看出，经过几百年的扩张，古罗马的军队占据了欧、亚、非三洲的广大地区。罗马帝国的疆域东起西亚幼发拉底河，西临大西洋，北至英、法、德、奥地利、匈牙利和罗马尼亚，南达埃及、苏丹、利比亚、突尼斯和阿尔及利亚等国。罗马帝国的第一位

罗马古城通往梵蒂冈的街道

古罗马竞技场

皇帝是奥古斯都（即屋大维），他曾率军攻占埃及，凯旋归来后，威望大增，成了罗马帝国的开创者。他在位41年被誉为历史上的"伟人"，曾得到"祖国之父"和"元首"的尊称。

灿烂的文明

古罗马的文明史，在世界历史上书写了光辉灿烂的一页，古罗马对人类的发展与进步产生了深远的影响。古罗马在经济、文化、法制等方面有了很大发展。当时的农业主要是种植谷物、蔬菜和橄榄等；工业方面有轻工纺织、工艺品及食品加工、货币铸造等；商业和贸易发展迅速，对外出口葡萄酒、橄榄油、陶瓷器皿等，主要出口对象是高卢、西班牙、阿非利加以及各行省，与印度、中国、叙利亚也有一些贸易往来。古罗马文化在世界历史上具有重要地位。公

元前7世纪，罗马人在伊特鲁里亚字母的基础上创造了拉丁字母，后来成为众多民族文字的基础。在希腊文学的影响下，罗马文学迅速发展和繁荣。荷马史诗《奥德赛》被译成拉丁文并编成戏剧，成为古罗马文学的开端。古罗马时期有不少著名作家和诗人，其作品内容十分广泛。奥古斯都皇帝统治时期是古罗马文学的"黄金时代"，曾涌现出许多伟大的作家及光辉著作，如诗人维吉尔的《牧歌》、诗人贺拉斯的《歌集》和《讽

街道边的小咖啡馆喜欢将桌子摆到店外，让市民感受古城的浪漫

12

we all live on the same planet

刺诗》、李维的《罗马史》、诗人奥维德的《恋歌》、《美狄亚》和《变形记》等。古罗马在法制方面对人类做出了很大的贡献。历史上的罗马是世界上最早就有法制的国家。法律与国家的起源是一致的。有的法学家和历史学家把罗马法分为公民法和万民法两个时期。在古罗马，享有罗马公民权的人才受到法律的保护，这时的法律称为公民法。后来越来越多的非罗马人亦成为罗马的臣民，万民法便应运而生。古罗马最早的法典是《十二铜表法》，古罗马最著名的法学家是：尤利亚努斯、盖尤斯、帕皮尼安、保罗和乌尔比安。

伊特鲁里亚部族的奇妙消失

伊特鲁里亚人的墓窟

为了铭记伊特鲁里亚这个伟大民族，意大利政府决定把1985年命名为"伊特鲁里亚年"。这一民族虽然从历史上已经消失了两千几百年，但它对今天的意大利仍具有一定的影响，反映该部族风俗、文化的古代遗迹，包括文字、雕刻、壁画、出土陶瓷等，至今在罗马和托斯卡纳地区仍可看到。伊族在古罗马历史上写下了辉煌的一页。

文明早于罗马

早在罗慕洛传奇般地建立罗马之前，伊特鲁里亚人就生活在托斯卡纳一带。伊族人创造了以贸易和农业为基础的颇为繁荣的文明。希腊人则开拓了意南部西西里地区，建造了许多漂亮的住宅和神庙。这两个部族的人在艺术、农业、宗教、建筑技术等方面对早期的罗马产生了巨大的影响。在古罗马王政时代，有七个国王长期统治意大利，其中三个国王便是伊族人。罗马人吸收了伊特鲁里亚人高雅的文化、繁荣的商业、进步的农业、货币流通办法以及服装制作等方面的先进经验。

相传最早定居在托斯卡纳地区的伊族人是公元前12—前10世纪从异地移居而来的。后来，他们逐步形成部落，并建立了一个名为提雷诺的小城镇。提雷诺意即伊特鲁里亚之据点。此后他们又在托斯卡纳地区建造了12个城市。公元前7—前6世纪是伊族的鼎盛时期，当时他们的商业、农业得到发展，都市文明已达顶峰。

民族颇具特色

伊特鲁里亚部族是颇具特色的民族。首先，他们作战勇敢。在战场上宁可战死，也不与敌人共存。在罗马附近的塔尔奎尼亚发生的一次战斗中，他们以石头为武器进行战斗，牺牲了许多人，而300多名罗马人也被他们用石头砸死；其次，他们有创新精神。他们精心创造的经济、文化超过了史前铁器时代意大利其他部落。当时，他们已掌握了将骨针、金属磨光加工的方法。伊族人修建的塔尔奎尼亚、阿雷佐、佩鲁贾等古城，要比拉丁人建立的村落先进得多。他们还善于经商，在台伯河岸建造了码头，通过自己的小船队把手工业品运往拉丁人和萨宾人居住的地方出售。他们

还把自己生产的产品长途贩运到法、德、瑞士，以交换上述三国的产品。他们创造了自己民族的语言和文字。公元前700年，伊特鲁里亚文有26个字母，在托斯卡纳发掘出的1万多块碑铭，可充分证明该部族语言与文字的精练；伊特鲁里亚人的另一特点是热爱生活。他们建造漂亮的住房，并学会安装地下排水的陶瓷管；喜欢穿漂亮的民族服装；

Tips
与伊族有关的参观点

现在，世人对伊族文明史兴趣甚浓，游人如织的参观点有：罗马的维拉·朱利亚国立博物馆，这里陈列了许多伊族人使用的烛台、水壶等青铜器，还有陶制碗、罐以及十分精致的金属耳环、项链、手镯等；罗马郊区的塔尔奎尼亚市，这儿可看到不少伊族人的遗迹，最吸引游客的是文物博物馆和郊区的古墓；古城佩鲁贾，它是伊族人统治的十二个要塞之一，至今完整地保留着两千多年前的古城门。

塔尔奎尼亚国立博物馆

14

we all live on the same planet

维拉·朱利亚国立博物馆

餐具很讲究；妇女爱好打扮，习惯戴耳环、戒指和项链。妇女可同男士一起参加各种聚餐、舞会等活动。

人们自然会问，一个如此强大、精悍的民族为何变得无影无踪了呢？历史上，伊特鲁里亚人与罗马人、希腊人、拉丁人、萨宾人多次发生冲突，种族纷争持续了100多年。公元前509年，伊族被驱出罗马，他们企图统一意大利的努力由此告终。25年之后，定居在西西里岛的希腊人在库米一战打败了伊族人，摧垮了他们沿海贸易的前哨据点。2259年前，即公元前250年，伊族人被罗马人彻底打垮，整个民族在历史上完全消失，仅留下一些陶器之类的工艺品和文字遗迹，这在人类历史上实属罕见。

Tips
与伊族相关博物馆资讯
维拉·朱利亚国立博物馆
MUSEO NAZIONALE DI VILLA GIULIA
P. LE DI VILLA GIULIA 9, ROMA
塔尔奎尼亚国立博物馆
MUSEO NAZIONALE DI TARQUINIA

塔尔奎尼亚古墓
TOMBA DI TARQUINIA
从小镇中心步行20分钟即可到达，位于塔尔奎尼亚小镇中世纪大门（Barriera San Ctiasto）近旁
电话：0766 856036
门票：成人4欧元，儿童2欧元。包含古墓门票为成人6.5欧元，儿童3.25欧元。

古罗马最早的法典 —— “十二铜表法”

铜牌铬刻法典

在2460年前的一个清晨，一轮红日刚刚从亚平宁半岛的东方冉冉升起。这时古罗马广场（即今日罗马最大的露天博物馆）中央，出现一些熙熙攘攘的臣民，他们对着广场上悬挂的那些铜牌指指点点……原来，这是“十二铜表法”在罗马公布首日的情景。

举世闻名的“十二铜表法”是古罗马在公元前450年制定的，因它刻在12块铜牌之上而得名。它在罗马历史上发挥了重要作用。但在公元前390年，高卢人大举进攻罗马，烧杀抢劫，并将罗马广场上的12块铜牌彻底毁坏。这一重要法典就这样惨遭灭绝。铜牌被毁，法律犹存。值得庆幸的是在罗马一些作家和法学家的著作中，记载了该法的主要条款。现在人们引用此法的内容，皆来源于这些著作。“十二铜表法”的内容包括：民法、刑法和诉讼程序。此法承认贵族阶层的特权，但对他们滥用权力亦作了某些限制（如借贷利息）；承认债务奴役是合法的；确认宗教习惯可以干预民事案件；禁止平民与贵族通婚；规定财产在氏族内继承。此法一直被罗马人视为各类法律的一个主要渊源，在中世纪和近代欧洲法学界产生过重大影响。

对世界影响深远

“十二铜表法”是古罗马的第一部成文法。此前还有习惯法等方面的非成文法。这些法律均属于古罗马法律的范畴。罗马法系指罗马奴隶制国家整个历史时期的全部法律制度，这一历史

“十二铜表法”的影响，如这些建筑的年代一样久远

时期即从公元前753年罗马崛起一直到公元476年西罗马帝国灭亡。古罗马奴隶制国家为了维护大贵族和奴隶主的利益，制定了各类法律和法规。罗马法的起源是习惯法、元老院和公民大会决议、皇帝的敕令、大法官宣布的告示以及法学家的解答意见等。法学家和历史学家将罗马法分为王政、共和、帝国三个时期，或者分为公民法和万民法两种，当然也还存在其他的划分方法。拜占庭皇帝查士丁尼为了使罗马法更加系统化、科学化和法典化，成功地编纂了罗马法大全——《国法大全》法典，全面汇集了罗马法律和法学家的重要著作。

罗马法是古代法律的宝贵遗产，它对欧洲、对世界上许多国家和中国产生了十分深远的影响。

文艺复兴及其发源地

文艺复兴的发源地
——佛罗伦萨

俯瞰古城佛罗伦萨的最佳地点是在城南圣米纳多山丘的米开朗琪罗广场。从这儿往北眺望，佛罗伦萨全城尽收眼底。大教堂的圆顶、许多文艺复兴时期富丽堂皇的建筑、一片片红色瓦片铺成的屋顶、老桥，还有弯弯曲曲的亚诺河……宛如一幅美丽的风景画！这就是文艺复兴的发源地——佛罗伦萨。

恩格斯高度评价文艺复兴运动，

与花之圣母大教堂美丽的外表相对应，其内部装饰也十分华丽。

佛罗伦萨花之圣母大教堂由白色、粉红、绿色的大理石按几何图案装饰，美丽非常

称之为"人类从来没有经历过的最伟大的、进步的变革"。事实上，文艺复兴的意义不在于复古，而在于创新。它是人类历史上一个百花齐放、硕果累累、群星争艳、人才济济的时代。文艺复兴的指导思想是人文主义（意文Umanismo，又译"人道主义"）。人文主义的核心是"人乃万物之本"。人文主义重视人的价值，它认为主宰世界的不是上帝，而是人，提倡个性和自由。

为什么是佛罗伦萨！

缘何佛罗伦萨是文艺复兴的发源地？究其原因，当时这里已具备滋生文艺复兴这场伟大运动的土壤和条件。马克思在《资本论》中指出，"资本主义生产，最早是在意大利发展"。1115年，佛罗伦萨已赢得了政治上的独立，建立了欧洲最早的城市共和国。13世纪末，它已成为欧洲最著名的手工业、商业、金融和文化中心。它的毛纺业最发达，当时建有200多家毛纺厂，约有30多万名工

人。资本主义萌芽最先在这里产生，这些事实反映了在意大利发生了从封建主义向资本主义过渡的重大变革，这种变革为此次新文化运动奠定了政治基础。在13世纪初，勤劳、智慧的意大利人思想十分活跃，他们在圣方济各会的影响下，冲破了当时封建、保守、压抑的神权思想的制约，赞颂大自然的美丽，

Tips
何谓文艺复兴？

它是14—16世纪欧洲文化和思想发展的一个历史时期，是欧洲历史上一次重大的新文化运动。西方人文主义者对基督教会长期排斥、禁锢古代自然科学、哲学、文学、艺术和古罗马法律十分不满，对基督教长达1000多年的黑暗统治非常憎恨，他们主张复兴古希腊、古罗马的文化，因而得名"文艺复兴"。

宣扬人的价值。这一思想最突出的代表人物是文学家但丁，彼特拉克、薄伽丘和画家乔托。他们大力提倡人文主义，

圣彼得大教堂广场

但丁故居位于佛罗伦萨古城中心的圣玛格丽塔路1号，是中世纪塔楼式老宅，1911年辟为博物馆

并将人文主义贯穿于他们所创作的文学、艺术作品之中。当时的意大利学习风气十分浓厚，已经发展为欧洲的文化中心，欧洲各国视意大利为文学与风雅的典范，到意旅行被认为是学习、深造或进行文化教育的最好方式。此时意大利的社会风尚及文学、艺术蓬勃发展的新形势，为后来的文艺复兴打下了坚实的思想基础。

但丁雕像

文艺复兴运动得到了佛罗伦萨统治者和各大家族的大力支持。在这些家族中，最有影响的就是美第奇家族了。它是佛罗伦萨的头号富商，通过兴办银行，获取巨额利润，家族势力日益强大，统治佛罗伦萨长达60年。史称，美第奇家族统治时期为佛罗伦萨的黄金时代。其间，他们为文艺复兴的重大活动，如创办图书馆、新建雕塑学校、修建宫殿、教堂等提供了大量资助。

文化巨人辈出

意大利文艺复兴时期，在文化、艺术等领域涌现出一批"巨人"，取得辉煌成就。如文学方面有但丁、彼特拉克、薄伽丘等；绘画方面有乔托、波提切利、达·芬奇、拉斐尔、提香等；雕塑方面有多纳太罗、米开朗琪罗等。达·芬奇、米开朗琪罗和布鲁内莱斯基等人在建筑艺术方面也是杰出的代表人物。文艺复兴在意大利和欧洲的历史上发挥了重要作用，对人类的发展进步也产生了重大影响，揭开了人类历史上新的一页。它极大地解放了人们的思想，形成了文学、艺术、科学和思想发展的高潮。

它不仅促进了欧洲各国在绘画、雕塑、建筑、音乐等方面的发展，而且为意大利留下了取之不尽用之不竭的文化遗产。几个世纪以来，前往意大利参观游览的人接踵而至。

丁以《新生》、《神》等多部作品著名，欧洲文艺复兴时代具开创性的贡献

Tips
尊重当地风俗习惯

中国公民出国，要与所在国人民友好相处。我们到了意大利，就要入乡随俗，尊重当地的风俗习惯，现提醒以下几点：

（一）待人礼貌、热情，但不能交叉握手。

（二）互致问候时称呼要得当。不能把"小姐"称呼为"太太"；不要随意问别人年龄、家庭婚姻及赚多少钱等；尽量避免用不吉利的数字"13"。

（三）文明用餐。宴会时女士优先入座；进餐时不要将刀叉碰得发出响声；吃面条时不要挑起来吃，而是用叉子挑几根，卷在叉子上吃。

（四）意大利有付小费的习惯。给旅馆服务员的小费可放在床头柜或在服务员打扫房间时面交给他。在餐馆用餐后，可将小费放在用餐的杯、盘下，也可直接递到服务员手中。有的旅馆和饭店在向顾客收取的房费中已包括10%的服务费，那就不必付小费了。

（五）送礼。意大利人习惯互赠礼品，礼轻情意重。他们不在乎礼品是否贵重，而在乎礼品有艺术性和纪念意义。送花时，忌送菊花，因为当地人习惯在给死人扫墓时献菊花。

据说，意大利最早的三色旗是由大名鼎鼎的拿破仑·波拿巴设计的。

意大利共和国的象征 —— 三色旗

意大利三色旗

　　清晨的罗马，在总统府前的奎里纳尔广场上，意大利国旗在雄壮的国歌声中冉冉升起，迎风飘扬。根据意大利共和国宪法规定，共和国国旗为意大利三色旗，由同样宽度的绿、白、红三色长条纵列组成。国旗为何采用这三种颜色呢？原来，每一种颜色都有深刻

的含义。绿色代表亚平宁半岛上郁郁葱葱的山谷，白色代表北部阿尔卑斯山上的皑皑白雪，红色象征为国捐躯的英雄烈士们的鲜血。

　　说到三色旗的来历，还有一些历史故事和传说呢！据说，意大利最早的三色旗是由大名鼎鼎的拿破仑·波拿巴设计的。1796年，年轻的拿破仑将军在三色旗的指引下，率领意大利军团翻过白雪皑皑的阿尔卑斯山，抵达意大利北部地区，与奥地利军队奋勇作战。意北方人民对拿破仑的军队表示欢迎和支持。当年，意大利伦巴第兵团也正是高举三色旗，英勇顽强地同入侵之敌进行斗争。在法国大革命的鼓舞下，意

罗马夜色

23

各地人民斗志昂扬，积极争取实现国家的独立和统一。艾米利亚、伦巴第地区人民以及米兰市的手工业者、商人、学生打着三色旗，掀起反奥占领的运动。米兰人民在1848年春举行了著名的五日起义，他们挥舞着三色旗，高呼"奥地利人滚回去"等口号，与敌人搏斗。1861年，撒丁王国的国王维托里奥·艾玛努埃莱二世登基，成了意大利王国的首任国王。他采用了类似三色旗的旗帜作为国旗，只是在旗角上加了一个带有白十字的红盾图案，此图形为萨伏依王朝的徽章。意大利王国执政80余年，一直沿用这种旗帜，直至二战结束。长期以来，意大利人民一直把三色旗当作是团结、进步的象征，三色旗实际上成了意大利人民争取独立和统一的胜利之旗。1946年，意大利共和国建立，决定除去旗帜上萨伏依王朝的徽章，正式确定绿、白、红三色旗为国旗。

意大利政府和人民对自己的国旗十分敬仰和尊重。凡是国家要地，如总统府、总理府、外交部等地，每天都要升挂国旗；在举行盛大仪式、庆典或重要会议时，也要挂国旗；国家元首或政府首脑与外国相应的领导人会谈或签订有关协定、协议时，也要悬挂或摆放国旗。意大利人民对三色旗感情深厚。为了使人们牢记三色旗是光明、胜利的旗帜，米兰市中心有一个广场被命名为三色广场。在日常生活中，意大利人喜爱用绿、白、红三色作为装饰品或飘带的颜色。

Tips

安全第一

中国公民在意旅行要注意交通安全、人身安全和个人财产安全。

在乘坐飞机、火车、汽车、轮船时，选择路线好、机型、车型、船舶保险系数高的交通工具。过马路要小心，遵守有关交通规则。外出时，不要与人发生争吵；对有嫌疑的陌生人一定要警惕；路遇突发事件不要靠近观望。出国时最好带旅行支票，少带现金。在意期间，保护好护照、钱包。要将护照首页复印或记下护照号码备用，以便报失时急需。为保护个人财产安全，特别提醒注意：乘车时不能食用陌生人给的食品和饮料，以防含有迷魂药；如有不认识的"十分热情者"硬要帮你拍照，最好婉拒；在人群集中的广场拍照，不要将提包靠在脚后跟，因为在你拍照的一刹那间，回头再看时你的提包也许已无影无踪；如有人将硬币抛在地上并问你"这是你的钱吗？"你千万别理睬他，这是他在转移你的视线，正准备下手呢！如有人将牙膏似的泡沫挤在你的衣服上并说"瞧！你的衣服怎么弄脏了？"你最好忍着点，千万别搭理他，否则你就该倒霉了！有的吉普赛妇女领着小孩，手捧一张报纸在你眼前晃，嘴里不停地唠唠叨叨，请不要理她，要注意保护好自己的钱包……

以上这些事例都曾发生过，我们要引以为戒。

2

We all live on the same planet

古色古香的罗马及
令人陶醉的那不勒斯

we all live on the same planet

永恒之城 —— 罗马

今天，我带你观光罗马这座向往已久的城市。首先我要告诉你，应该如何参观罗马。在罗马，随便走到街上，就会看到雕像、石柱、喷泉广场……让你眼花缭乱。该怎样游览罗马呢？如果你只有两三天时间，你大概只能去罗马最主要的几个地方，那你日后只能说你曾经到过罗马；如果你有十天半个月的时间，那就可参观十几个或二十多个景点；如果你有更多的时间，或今后能重返罗马小住，那么你会说罗马真是一生也看不完！

意大利的首都

罗马是意大利共和国的首都，建于公元前753年，距今已有2700多年之久。罗马有悠久的历史、古老的文明，

西班牙广场上逛累的游人总爱在这里歇脚

西班牙广场上的喷泉

既是意大利的政治、文化、旅游中心，又是西方文明的摇篮和世界天主教之中心，是最富有特色的城市。罗马古迹最多，教堂最多，博物馆最多，著名广场最多，喷泉最多，雕塑最多……罗马的自然风光秀丽，音乐动听，雕塑、绘画优美，服装艳丽多彩，咖啡、冰激凌馋人……总之，罗马对世人有很大的吸引力。虽然我作为一名外交官在罗马工作、生活多年，但对罗马总是看不够。

该怎样介绍罗马呢？我们先从与罗马有关的俗语或名称说起。

从俗语说起

为什么罗马会被称为"永恒之城"？这要从两个方面来说明：其一，罗马的历史可追溯到公元前753年古罗马的建立，从那时到公元476年西罗马帝国灭亡，历时1000余年。在这段历史长河中，罗马城一直固若磐石，始终立于不败之地。因而罗马人骄傲地称之为永恒之城。其二，罗马的文明永存。古罗马的遗迹如斗兽场、凯旋门、万神庙等依旧在风雨飘摇中巍然屹立，向人

看点 罗马不是一天建成的。
See the world with a diplomat

28

we all live on the same planet

罗马街头的警察

们诉说千年古城的辉煌过去。罗马的文明包括古代文明、近代文明和现代文明，罗马将历史与传统、古代与现代融于一体，真不愧为永恒之城！

为什么说"罗马不是一天建成的"？众所周知，罗马有丰富的历史遗迹，有很多著名建筑，有不少花园别墅，有无数闻名于世的雕塑和绘画……这些名胜古迹和文化宝藏不可能在短时间内聚积而成，而是由各个历史时期、各朝各代先后创造的。如古罗马建造了斗兽场、天使古堡、浴场、水道等等；文艺复兴时期，杰出艺术家米开朗琪罗创作了许多著名雕塑和绘画，如现珍藏于梵蒂冈圣彼得大教堂的大理石雕像《母爱》（又称《哀悼基督》或《皮耶塔》），现存于西斯廷礼拜堂的巨幅天顶壁画《创世记》等等。在罗马博尔盖塞博物馆，展示了文艺复兴时期著名雕刻家贝尔尼尼的名雕《阿波罗和女神》等作品；在近代和现代，罗马又修筑了蜘蛛网似的高速公路，建造了新罗马大型的建筑群，在罗马近郊修造了奥林匹克运动场等等。每一个时代的罗马人，都为这座城市增添了色彩。所以说。罗马不是一天建成的。

"条条大道通罗马"又是什么意思呢？我认为这句俗语可从两个方面来理解：一方面，古罗马的势力范围大，影响十分广泛。罗马帝国盛极一时，其疆

斗兽场前的罗马时代勇士

每天都有来自世界各地的游客参观斗兽场

域跨及欧、亚、非三大洲，古罗马是当时政治、经济、文化、艺术和宗教的中心，亲眼见见罗马是人们最大的愿望；另一方面，罗马的交通非常方便，四通八达。在两千多年前，罗马的交通就比较便捷，当时各条大道均以罗马为中心，向南北西东各个方向辐射，如阿比亚大道、萨拉里亚大道、弗拉米尼亚大道等，这些大道至今仍然名称未变，并仍在发挥作用。现在罗马的公路、铁路纵横交错，空运和海运也很发达，把全国各大区、各省市连接起来。所以人们习惯称"条条大道通罗马"。

了解了这些俗语之后，现在，我领你参观参观罗马及罗马周围最有代表性的几个景点。

首都的中心 —— 威尼斯广场

首先我们到达了罗马市的中心——威尼斯广场。意大利各城市的广场总是很吸引人，因为广场上或四周常建有石碑、雕像或喷泉等，有的教堂也与广场相邻近。广场的作用既可作为市民们休闲、散步或集会的场所，又可作为临时摆摊的市场，所以它很容易被众人所熟知。

祖国祭坛

威尼斯广场有座高大、雄伟的建筑物，意人称之为"祖国祭坛"。广场中间种有许多花草，十分美丽。广场位于祭坛的正前方，左右两侧各有一座相似的三层楼建筑，面向祭坛的左边是威尼斯保险公司所在地，右边的楼房称为

30

we all live on the same planet

威尼斯宫，历史上威尼斯共和国驻罗马的大使馆就在这办公。从1922年起，墨索里尼将它作为官邸长达20年。他经常站在此楼的阳台上，面向广大群众，发表煽动性的演说。如今威尼斯宫已成为国立威尼斯博物馆。在祭坛的后边是古罗马的废墟和现在的罗马市政府所在地。

独立与统一的象征

祭坛建筑物主体于1911年落成，全部用白色大理石打造，十分壮观。这座大型建筑是意大利独立与统一的象

威尼斯广场

意大利一些城市的广场上，常见这样的街头艺人

Tips

威尼斯广场
PIAZZA VENEZIA, ROMA

威尼斯广场位于罗马市中心，在科尔索大街（VIA DEL CORSO）和帝国市场大街（VIA DEI FORI IMPERIALE）两条街的交叉处。

维托里奥·艾玛努埃莱二世纪念堂

征。楼顶上两端用拉丁文刻有"祖国统一，人民自由"字样。祭坛的前方有广阔的石阶，两旁均有相称的铜像，在两座铜像附近，又有两座巨大的卧石像，分别象征地勒诺海和亚得里亚海。顺大理石台阶而上，便来到了无名烈士墓，这是为了纪念无数为国牺牲的英雄烈士而修建的陵墓。这儿有不熄灭的火炬以及无数的花圈，庄严而肃穆。在烈士墓背后的石碑上饰有几组浮雕，内容是表现人民的爱国精神的。在站岗卫兵的左右，矗立着四座大理石雕像，由左而右，分别代表"毅力"、"和平"、"牺牲"、"正义"之意。再往浮雕的后

上方看去，巨大的维托里奥·艾玛努埃莱二世骑马铜像便映入你的眼帘。铜像高达14米，可算是世界上最大的骑马铜像了！在铜像之后，建有长廊，有16根巨大的石柱托着廊顶，顶部两侧各有一组巨型群雕，画面为美丽的天使驾驭着一辆由四匹铜马拉着的二轮马车正在飞奔！

现在，每逢意大利重要节日，国家元首均在此广场检阅海陆空三军队伍。每当外国元首或政府首脑到意大利正式访问时，意大利重要官员都会陪同专程来此敬献花圈，悼念这些无名英雄。

世界八大名胜之一——古罗马斗兽场

马克思曾称颂古罗马奴隶起义的领袖斯巴达克是"整个古代史中最辉煌的人物"。斯巴达克是一名角斗士。在古罗马，帝王、贵族们为了寻欢作乐，也为了激发人们的作战精神，修造了许多竞技场（又名阿雷拉），保存至今的还有几十座，以罗马这一座规模最大，叫做"科洛塞奥"，人们也习惯称之为斗兽场。

古罗马斗兽场有一种残缺的美

古罗马帝国的象征

斗兽场是古罗马帝国的象征。凡是到罗马旅游、观光的客人，如果不光顾斗兽场，就像到了北京而没去看万里长城一样的遗憾。斗兽场是古罗马最有代表性、最典型的建筑。它在罗马有着非常重要的地位。难怪早在公元8世纪时就有人预言：斗兽场在，罗马在。斗兽场倒塌之日，便是罗马灭亡之时。当日耳曼人在1084年入侵时，罗马被洗劫一空。从此，斗兽场也遭遗弃，在长达几百年的时间内，大理石一直接连不断地被拆去建造宫殿和教堂，尤以文艺复兴时期为甚。现在威尼斯宫、圣彼得大教堂等建筑物上都有斗兽场的石材。直到18世纪，人们才逐渐停止了对它的破坏，并对残存部分着手进行修缮。

斗兽场遗迹

绘画表现的古罗马斗兽场盛况

造型别致，结构特出

斗兽场造型别致，结构特出。外观呈椭圆形，场内分为四层，内设可容纳8万人的看台，周长527米，高57米，最大直径188米。底层有众多通道相连，还建有许多地牢和牲畜棚。地牢是为了角斗士化装及上场之前作短暂停留之用的；牲畜棚用于关闭猛兽；通道是释放角斗士和猛兽上场表演的出口。外围三层都有拱门支撑，又分别建有多立克式、爱奥尼式和科林斯式石柱。第四层是建有许多小窗的墙壁。外围每层均由80个拱门组成，在二、三层的每个拱门里面都曾经放置了一尊十分华丽的大理石雕像，它们姿态各异，威武雄壮。底层的拱门都作为出入口，东北部有一个更大的、十分华丽的大门，这是帝王们专用的出入口。角斗士表演结束后，8万余名观众可迅速通过80个出口，在10多分钟内疏散退场。修造斗兽场采用拱形结构原

残缺之美—古罗马斗兽场

理，用木制台架来砌石或浇灌混凝土，以此方法建造的拱门十分坚固。斗兽场的主体结构由很多大椭圆和无数竖向拱顶支撑。

规模大，而且技术含量高

斗兽场不仅规模大，而且技术含量高。它占地2万多平方米，可使无数爱好竞技表演的观众"大饱眼福"。到罗马来的游人对斗兽场的第一感觉是雄伟、壮观。若绕外墙步行一周，至少要用半个多小时。在1900多年前的历史条件下，修建如此庞大的建筑物，是多么的不易！据记载，公元72年，韦斯帕西亚诺皇帝为了纪念征服耶路撒冷的胜利，下令兴建这一巨型建筑。工程难度大，进展十分缓慢，直到公元80年，才由其子提图斯皇帝最终完成。此工程耗费了大量资金、人力和物力。资金主要靠战争掠夺而来；劳动力主要是罗马获胜后从耶路撒冷押运回来的4万多名战俘；花费的物资是从罗马的行省和意大利各地运来的。施工所用的材料包括300吨铁条、10万立方米大理石以及无数巨砖和三合土。地基深12米，由岩石和混合土夯实，十分牢固。施工期间，人们运用了转轮和绞轮技术，如用木制吊车把巨石从地面运到几十米高的空中，其原理是靠人用脚踩踏转轮而达到起重的效果。

与斗兽场毗邻的君士坦丁凯旋门

we all live on the same planet

为将关押在底层的猛兽运到上一层比赛场地，他们又利用绞车将关在铁笼里的牲畜吊到上一层地面通道，以便让它们迅速上场参赛。古罗马在建筑设计、施工技术等方面，不但继承了古希腊的风格和技术，而且有了发展和创新。

斗兽场是巍峨壮观的古罗马建筑，也是古代历史的见证。它向世人证明罗马帝国统治者的凶恶、残忍，也体现了"卑贱者"最聪明这一颠扑不破的真理。

罗马的象征——狼孩

世上有许多古怪神奇的故事，如野兽抚养小孩。这些孩子大多是被遗弃在野外的婴儿，野兽将其衔进森林，当作自己的孩子精心养护。据记载，在立陶宛，发现过熊所喂养的"熊孩"；在伊朗，出现过绵羊哺育的"羊孩"；在印度，人们见过由豹养护的"豹孩"；在意大利，众人广为传说的则是"狼孩"。

母狼育二婴

关于罗马的起源，有一段动人的传说。希腊人经过十年之战，最后以木马计攻下特洛伊城。特洛伊王的后代埃涅阿斯流亡到意大利后在台伯河附近建立了一座名为阿尔巴龙伽的小城镇。又过了许多年，埃涅阿斯的后裔发生了争斗，弟弟阿穆利乌斯战胜了他的哥哥，并杀害了兄长的儿子，还逼迫他哥哥的女儿西尔维亚当了女祭司，终生不得婚嫁。但事与愿违，西尔维亚与马尔斯竟

罗马的象征——狼孩

生了一对孪生子——罗慕洛和勒莫。当阿穆利乌斯得知此事后，下令将这对双胞胎装到篮子里，扔到波浪起伏的台伯河中。幸好篮子漂到了岸边，被一条到河边饮水的母狼发现，它慈爱地低下头来，用长长的舌头舔干了孩子身上的水滴，并用自己的乳汁喂养他们。这就是在罗马广为流传的母狼育二婴的故事。

狼孩建罗马

罗慕洛和勒莫兄弟俩长大后，着手建造城市。他们选择了位于台伯河畔风景秀丽的七座山峰作为基地。这七座山名为帕拉蒂诺、阿纹蒂诺、埃斯奎利诺、奎里纳尔、维米纳尔、坎皮多利奥和切利奥。他们把这七座山上的村落联合起来，将联合总部设在坎皮多利奥山上。此后，他们又吞并了梵蒂冈等四座山丘，营造城堡，修建了城墙和广场，形成了规模较大的新城。由于新城主要建在七座山丘上，人们习称"七丘之城"。在建城过程中，兄弟俩产生严重分歧，以至互相厮杀，最后，罗慕洛杀死了勒莫，将所建城市起名为罗马。罗

> ### Tips
> #### 狼孩
> #### LUPO PIAZZA DEL CAMPIDOGLIO
> 罗马坎皮多利奥山上建有罗马市政府的办公楼，在此楼的西北侧，有一方数米高的石柱，顶端立着一只栩栩如生的母狼雕像（地点在威尼斯广场后边）。

慕洛遂成了罗马的第一任国王。

罗马城的创始人是由母狼喂养大的，母狼自然就成了罗马城的象征。在修建在坎皮多利奥山上的罗马市政府办公楼西北侧，有一方数米高的石柱，顶端立着一座栩栩如生的母狼雕像。拍照留念的游人接踵而来，这是一张多么有纪念意义的照片啊！

展示众多文艺复兴大师杰作的罗马博尔盖塞博物馆

博尔盖塞博物馆与罗马其他博物馆一样，很有名气。馆内的展品分布在两个楼层，一楼陈列的是雕塑，二楼陈列的是绘画，该博物馆以收藏、展示众多文艺复兴时代大师的艺术品而闻名于世。

博物馆位于博尔盖塞公园内，这是罗马最大的公园，此园原为罗马大主教希皮奥内·博尔盖塞的私人别墅。园内的夏宫（即今日的博物馆）由该大主教兴建。他是教皇保罗五世的侄子，是一个"热衷于培养兴趣和消遣"的人。他不顾一切地热爱艺术，曾经派人在深更半夜把拉斐尔的作品《从十字架上卸下圣

尸》从佩鲁贾的一个教堂里取下送到罗马。博物馆中的大部分艺术品都是由他收集而来的，他是当时最了不起的资助人和收藏家。

名作"波丽娜"

博尔盖塞博物馆很值得欣赏的名作有：楼下展出的波丽娜塑像、大卫雕像、群雕《阿波罗和达芙尼》、《被劫持的普洛塞比娜》。波丽娜塑像存放在波丽娜大厅中央，大厅墙壁上有两幅反映特洛伊战争、四幅表现神话传说的

博尔盖塞博物馆

浮雕，天花板上有幅巨型壁画，描写爱神维纳斯得到金苹果时，她与诸神各不相同的表情，这些作品对厅中陈列的波丽娜雕像起到很好的衬托作用。波丽娜·波拿巴是法国拿破仑之妹，花容月貌，新寡不久，遵从兄意，改嫁意大利博尔盖塞家族的卡米诺亲王。但两人年龄相差甚大，兴趣又各不相同。波丽娜十分风流，爱好歌舞，时与歌手同乐，有时回巴黎与情人同居。卡米诺视若无睹，爱之至深，不愿离婚。波丽娜请卡洛瓦创作了这尊雕像。波丽娜侧卧于仿制的皇帝床榻之上，一手握着金苹果，一手自然安放在后脑部，可与维纳斯媲美。她上身赤裸，肌体各部分显得柔软、迷人、性感。

这尊雕像是新古典主义风格的杰作，观众无不为之倾倒。它的作者新古典派的安东尼奥·卡洛瓦是18世纪末至20世纪初欧洲雕塑界的权威。他生于威

尼斯，11岁学艺，曾在巴黎担任拿破仑的宫廷雕塑艺师，为拿破仑制作半身雕像和骑马雕像。米兰布雷拉美院内有一尊拿破仑骑马像就是卡洛瓦塑造的。

贝尔尼尼和他的作品

大卫雕像、群雕《阿波罗和达芙妮》、《被劫持的普洛塞比娜》均为贝尔尼尼的作品。大卫像充满了现实主义的情感，贝尔尼尼选择了大卫向巨人戈利亚投掷石弹前一刹那的动作，表现了大卫的刚强和勇敢。贝尔尼尼运用了新颖的技术手法，雕出了大卫的面部表情以及皮肤和头发的质感，这一创作宣告了巴洛克风格的诞生。《阿波罗和达芙妮》描写太阳神爱上河神的女儿的故事，表现了阿波罗正要触到达芙妮身体的一刹那，阿波罗发了疯似的追逐着美丽的达芙妮，两人正沿着一个对角线的

方向跑去。达芙尼轻盈腾飞的姿态,楚楚动人。当达芙妮听到阿波罗追赶她的脚步声时,便急切地向父亲求救,以父亲的神功,让她变为一棵月桂树。阿波罗无可奈何,只能摘下一点枝叶,编成花冠,永伴其身。后人们为阿波罗的精神所感动,每当获胜时,都要头戴桂冠。

《被劫持的普洛塞比娜》描述冥王普卢托内劫持谷物女神的女儿普洛塞比娜的故事。雕像展示了冥王的狂暴与少女拼命挣脱的一瞬间。当普洛塞比娜出门采花时,土地突然裂开,冥王跳出来将她劫走,企图带到地府,强娶为后。但她不从,泪流满面,大声啼哭,百般挣扎,形象十分感人。上述几尊雕塑作品均出自罗伦佐·贝尔尼尼大师之手。

　　博物馆二楼主要展示绘画作品。这里有文艺复兴大师拉斐尔的三幅绘画:《从十字架上卸下的圣尸》、《怀抱独角

兽的妇女》和《男人的肖像》。《从十字架上卸下的圣尸》内容是众人把奄奄一息的耶稣从十字架上平放下来,表现对其遇难的悲痛心情。拉斐尔出生在乌尔比诺一个画家之家,他创作颇丰,绘画作品具有秀美、典雅、和谐、明朗之特点。拉斐尔不幸英年早逝,37岁就与世长辞。馆内还有威尼斯画派提香的《圣爱与俗爱》、《播爱的维纳斯》、《鞭挞基督》,名画家卡拉瓦乔的《圣玛利亚与蛇》以及科雷焦的《达娜爱》等名画。

被称为自由圣地的西班牙广场

罗马著名的文化区

　　西班牙广场对旅游者来说是必游之地,它的名气很大,是罗马著名的文化区。广场附近高级店铺林立,有不少古董店、时装店、博物馆、书店和咖啡馆。服装大师们多次在这里举办服装表演,每年春夏之交还举办花卉展览,人们喜爱的电影《罗马假日》的外景就是在这里拍摄的。广场位于繁华的罗马市中

浪漫的
罗马街头

心,在科尔索大街中段偏北方向,处于威尼斯广场和人民广场之间。历史上这

西班牙广场

里曾经是无人居住的荒凉之地，在教皇西斯托五世当政时，才开始修路、建房，尔后逐步繁华起来。17世纪时，西班牙驻梵蒂冈大使馆坐落在此，广场因而得名。此后，这儿便是名人、作家、诗人、音乐家、画家的聚会场所，他们到此观光或居住在附近街道。如德国著名诗人歌德，法国作家司汤达、巴尔扎克，法国画家鲁米斯、普森，丹麦作家安徒生，英国诗人拜伦、泰尼松、雪莱、济慈，英国建筑家阿达姆等，还有数不胜数的王公贵族。此外，各种各样的人也喜欢到此游玩。广场上总是有人在画素描和写生，有人在弹唱民歌恋曲，气氛明快、悠闲，富有浪漫情调。在这里，人们可以随意谈天论地，议论时政，不受任何约束。在这里，人们可以充分显露自己悠然自得的"个性"，就像在伦敦海德公园有一处"自由角落"那样，任何人都有发表演说、评论执政者的自由。所以，当地人称西班牙广场为自由圣地。

三圣石阶、破船喷泉和雪莱、济慈

西班牙广场可供参观、游览的主要名胜古迹有三圣石阶、破船喷泉和雪

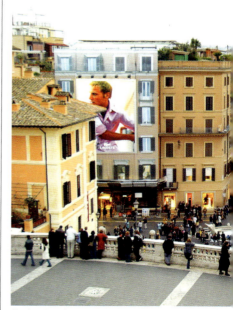

俯瞰西班牙广场

莱、济慈纪念馆。三圣石阶即圣父、圣子、圣灵石阶，长达137级，由德·桑蒂斯于1722年设计，当时一位名叫埃蒂纳·高菲尔的法国外交官慷慨地提供了赞助。石阶上下分为三段，每段有一个平台，石阶的顶端是一座双塔教堂，右塔内有一大钟，双塔顶上均安上了十字架。

破船喷泉在西班牙广场台阶下面，由意大利著名雕刻家贝尔尼尼的父亲彼得罗于1627年创作。说到它的来历，还流传着一段故事呢！在修造石舫喷泉之前，台伯河常常泛滥成灾，淹没了这一带的庄稼和小街巷。当年有一条破旧的小船被河水冲到沿岸浅滩，一直漂到了现在有喷泉的这个地方。艺术家彼得罗见此情景，激发了灵感，马上着手塑造

西班牙广场喷水池

这一破船喷泉，以记载当年洪水泛滥之景况。我们现在看到的这"古船"，船头船尾均有破洞，洞中不断涌出泉水，生动形象地再现了当年那只破船在水中漂流颠簸的情形。

雪莱、济慈纪念馆在西班牙广场附近一座建筑物二层楼的一个套间里。1820年，济慈到此地疗养，住在一个窗户靠着广场的房间。次年，不到26周岁的诗人在这里离开了人世。临终前，手中还紧握着恋人赠给他的信物——椭圆形白玛瑙石。纪念馆里还陈列着诗人的手稿和部分遗物。济慈逝世一年后，雪莱在利古里亚附近海湾不幸溺水而死。纪念馆里存放着济慈的骨灰盒，还有画家约瑟夫为他画的肖像。雪莱和济慈均安葬于罗马墓地。

Tips

济慈、雪莱纪念馆地址

MUSEO DI KEATS—SHELLEY

PIAZZA DI SPAGNA , 26

西班牙广场26号

讲假话的人，手就会被河神的大嘴咬住 —— 真理之口

说谎的人畏惧这张嘴巴

河神的大嘴

在罗马科斯梅丁·圣玛利亚教堂门口，无数游客排成一行向左侧方向移动，观看立在墙边的圆形大理石面具，这就是人们熟悉的一个景点——真理之口。这一面具之所以闻名天下，是因为自古以来就有一个动人的传说：很久很久以前，台伯河中有一位河神，时常出没在水面，不时摇头晃脑，张开大嘴，过往行人十分好奇，聚众围观。有一位平时爱说谎的人路经这里，惊叹不已，

便对着河神的大嘴摆手逗乐，河神突然将大嘴闭住，正好咬住其手指。这个故事告诫人们，为人要真诚，谎话万不可讲。说假话的人，就一定会遭到报应。由于河神的大嘴寓意深刻，罗马雕塑艺人就参照古时用于遮盖墙壁水道用的大理石面具，雕刻成人形面孔，鼻眼逼真，张着大嘴。现在，到这里观光、拍照的人络绎不绝。人们纷纷将手伸进大嘴中试一试自己的手会不会被咬住。由于千千万万只手在真理之口中伸来伸去，这张大嘴已被人们的手指磨得锃亮。

真理之口广场

真理之口大理石面具存放在教堂左侧墙外。教堂离台伯河不远，此教堂虽不大，但历史悠久，它建于公元6世纪，教皇亚得里亚诺一世曾加以扩建并将它交给希腊人管理。教堂的正门朝西，西门前的广场称为真理之口广场。广场附近还有火神庙、幸运女神庙和巴罗卡喷泉等古迹。火神庙为圆形古建筑，周围有20根石柱，十分壮观。它建于古罗马奥古斯都皇帝时代。庙内有一幅圣母抱耶稣的壁画。幸运女神庙是一座四方形的建筑物，建于公元前100年，周围由18根石柱支撑，古时作为祭幸运女神之用，是希腊式和罗马式两种风格相融合的典范。巴罗卡喷泉正好

> **Tips**
>
> **真理之口**
> **BOCCA DELLA VERITA**
> P. ZA BOCCA DELLA VERITA , 18
>
> 真理之口广场18号（参观点正好在科斯梅丁·圣玛利亚教堂左侧墙边）。

在科梅斯丁·圣玛利亚教堂西门对面，已有300余年的历史。喷泉设计分为三层：底层是一个水池，中层由两尊海神石雕托起一个大碗，顶层是碗中宝塔状礁石和贝壳，泉水从贝壳顶部涌出，落在碗中，继而流到下面的水池中。池水荡漾，情趣盎然。

世界天主教的中心 —— 圣彼得大教堂

圣彼得大教堂是世界上最大的天主教堂，于1626年建成，整个工程历时120年。参与建筑设计和工程建造的有著名建筑师和艺术家布拉曼特、米开朗琪罗、拉斐尔和贝尔尼尼等人，这座教堂气势宏伟，堪称世界建筑史上的一绝，是文艺复兴时代不朽的丰碑。

温馨提醒

梵蒂冈虽然地处罗马城之中，面积很小，但它是世界上一个独立的国家，有其国旗、政府、教皇卫队以及银行、

报社、电台和邮局等机构，它还同90多个国家建立了外交关系，与我国台湾仍维持所谓邦交，与我国尚禾建交。由于

梵蒂冈城圣彼得大教堂

它的地理位置特殊，是世界上唯一的教宗国家，又是全世界10亿天主教徒的朝圣之地，加上梵蒂冈博物馆已于1984年列入世界文化遗产名录，前来罗马的游人，没有不到梵蒂冈游览一番的。梵蒂冈虽然是一个国家，但无海关，也无边防。广场边有一排木栅栏，马路上只有一条白线，这便算是国界，你可随意入境出境，没有妨碍。

教皇国的磨难史

基督教自公元1世纪产生后，发展很快，后来又分为天主教、东正教和新教三大教派。在基督教诸中，天主教占了半数以上。在罗马帝国时期，帝王们把强大的基督教组织看成是危害国家的根子，在公元249—312年间，罗马皇帝对基督教进行了三次最惨重的迫害。而后，君士坦丁大帝采取了扶持利用的方法，公开承认基督教的合法性。公元313年，君士坦丁颁布米兰赦令，宣告宗教自由并将基督教定为国教。到了

梵蒂冈博物馆

教堂门前圣彼得雕像

公元756年，法兰克王丕平为了报答罗马教皇，决定把意大利中部的大片土地割让给罗马教廷，这就是历史上有名的"丕平献土"。1861年意大利王国成立，经过意大利人民10年的斗争，教皇才被迫退出自公元756年以来占领的罗马地区几万平方公里的土地。1870年，意大利完成了国家的统一，教皇国名存实亡。教皇退居梵蒂冈宫中，自称为"梵蒂冈囚徒"。此后，教皇和意大利

45

之间长期对立，直到1929年，在法西斯当政时期，墨索里尼亲自与教皇谈判，达成了相互承认的协议，双方在拉特兰宫签署了"拉特兰条约"。从此，罗马才有了这个独立的国家——梵蒂冈。

教堂名称的由来

梵蒂冈大教堂为何称作圣彼得大教堂呢？它源于一个宗教传说。耶稣十二门徒中的首席宗徒，原名叫西满，是约纳的儿子。他撇下了家庭和一切，追随耶稣。耶稣收他为徒后，将他领至提庇黎雅湖畔，并对他说："你是磐石，我将在这磐石之上建立我的教会。"从此，西满被称为"磐石"。原来拉丁文"pietro"的译音就是"彼得"。耶稣对彼得说："我要把天国的钥匙交给你。"耶稣升天后，彼得成为教会首领，来到罗马传教。公元46年，罗马遭

we all live on the same planet

大火焚烧，彼得被尼禄皇帝钉在十字架上处以极刑，死后葬于梵蒂冈山丘之上。人们为了纪念他，于公元349年在山上为彼得建造了一座小教堂，公元

立着142位圣男圣女雕像。广场中央耸立着已有三千年历史的埃及独石方尖碑。此碑于公元37年由古罗马皇帝下令从古埃及运到罗马。公元1586年，遵照

梵蒂冈博物馆内拾级而上的参观者　　　　圣殇像

6世纪又进行了扩建。公元16世纪，教皇朱理二世令建筑师拆除旧教堂，改建新教堂。现在我们所见到的大教堂就是改建后的教堂。这座大教堂是为纪念圣彼得而建造的，所以起名为圣彼得大教堂。

教皇西斯托五世的命令，由900名民工、150匹大马和许多绞车，花了4个多月的时间，才把重达350吨的石柱立于现在这个广场的中心。方尖碑的两旁，各有一座大喷泉，寓意教会如慈母，涌出泉水，滋养教徒。

圣彼得广场一瞥

圣彼得广场是由建筑师贝尔尼尼1656年设计的，能容纳30万人。圣彼得大教堂门前有一梯形广场，圆形广场与其连接。梯形广场前就像一个倾斜的舞台，每逢重大节日，教皇在这里举行盛大弥撒。教堂朝东的一个阳台名为"祝福阳台"，它正好面向广场，有重要宗教活动时，教皇会在阳台上祝福并发表演说。广场以两个半圆形长廊围起，两条长廊各有284根圆柱，顶上竖

大教堂精彩看点

走进大教堂，你会眼睛一亮。凡视野所及，无论是地板，还是厅堂、墙壁、

圣彼得大教堂
BASILICA DI SAN PIETRO
P.. ZA S .. PIETRO
位于台伯河西岸，经过和约大街（VIA D. CONCILIAZIONE）到达圣彼得广场就可见到大教堂了。

47

天花板、拱柱都有五彩缤纷的图案、浮雕、雕像，金碧辉煌，简直像是进了一座迷人的艺术殿堂，一个大博物馆。如果你没有足够的时间，建议你重点选择几处精彩景点加以欣赏，如母爱堂、圣彼得铜像、教皇祭坛、华盖及大圆穹。

在入口右侧，第一间小教堂就是母爱堂。这里陈放着米开朗琪罗精心创作的大理石雕刻《哀悼耶稣》，这是大教堂中最受人欢迎的绝妙的艺术品。雕刻线条之美和人物形象之逼真，十分动人。它将圣母抱着死去的儿子的悲痛感情刻画得淋漓尽致。由于当时米开朗琪罗年仅24岁，曾有人怀疑此作不是出自这个青年之手。一气之下，米开朗琪罗连夜带着工具，在雕像下方玛利亚的衣带上刻上了自己的名字，这是他一生中唯一署名的作品。

圣彼得铜像在中殿巨柱旁大厅的右侧，这是一尊13世纪雕刻的青铜像，彼得手持象征教皇权力的钥匙，右脚趾已被信徒们抚摸和亲吻得异常光亮。

教皇祭坛和华盖位于整个大教堂的中心，正好在"十字架"形建筑的交叉处。这是大教堂最豪华、最耀眼的地方，地下是圣彼得的陵墓，地上是教皇专用的四方形祭坛。在祭坛前栏杆上，装有数十盏长明灯，昼夜不灭。祭坛上面是由贝尔尼尼设计的青铜华盖，贝氏用了9年时间才最后完成。华盖由4根巨大的螺旋形铜柱支撑着，四角均有天使雕像陪衬，华盖上端有一个大圆球，球上饰有十字架。华盖下有一只鸽子，由空而降，金光四射，寓意给人们带来福音。

由米开朗琪罗设计的大圆穹罩在华盖之上。从地面到穹顶有120米之高，人们在殿内仰视，真如天穹一般。游人可乘电梯或步行到达大圆穹顶部的阳台上，俯瞰梵蒂冈花园和罗马市容，美不胜收。

雕金砌玉的教堂内部

夜幕低垂下的圣彼得大教堂

罗马是一座既古老又时尚的城市，这种新旧文明的交汇，构成了罗马的独特魅力。

为举办万国博览会而修建的卫星城 —— 新罗马

今天的罗马，还有新旧之分。旧罗马建在台伯河左岸，是世界上最大的历史文物遗址，街道狭窄，大理石雕像和喷泉到处可见。古罗马时期建造的凯旋门、斗兽场、万神殿等建筑物得以保存。旧城不断向外扩展，台伯河右岸也成为繁华的市区。现在的罗马比古时的罗马面积扩大了10倍。乘汽车或地铁B线往南几公里，便可到达卫星城新罗马。

新罗马的来历

新罗马的正式名称是"埃乌尔"（EUR），即"ESPOSIZIONE UNIVERSALE DI ROMA"的缩写。"EUR"原意为"罗马万国博览会"，它原本定于1942年在意大利罗马举办。为了筹备这届世界博览会，1939年开始在罗马南郊兴修了一组建筑群，这就是新罗马的肇始。新罗马始建于墨索里尼当政时期，当年，野心勃勃的墨索里尼梦想建立新的罗马帝国，把"埃乌尔"建成新帝国的中心。但第二次世界大战的炮声打响之后，战争规模越来越大，举办国际性博览会已不可能，墨索里尼的美梦也就此化为泡影。"EUR"整个修建工程被迫停止下来。战后，新罗马的建设工程才得以重新开始，直到20世纪

50年代中期，修建工作才基本完成。值得一提的是，"EUR"之名毫无新罗马之意，只是罗马城犹在，现在出现的新建筑群与旧罗马形成截然不同的对比，所以人们习惯称这个卫星城为新罗马。

新罗马新风格

由于时代的差异，新旧罗马风格各不相同。新罗马城区道路宽阔，清洁整齐，建有许多高楼和街心公园，花草树木很多，草坪一片连着一片，空气新鲜，使人感到十分优雅、宁静。这里建有现代化的摩天大楼，是意大利许多政府部门、社会团体和大公司总部所在地，如埃尼公司、意大利航空公司、罗马银行、工业家总联合会等。新罗马具有代表性的大建筑有：联合国广场大楼，两匝半圆形大楼环绕着广场，广场中间有巨大的圆形喷泉；议会大厦，大厦前有14根石柱，上有圆顶，仿"万神庙"之形，古今结合；劳动文明宫，建筑非常壮观，十分醒目。这座六层楼的建筑风格独特，四周穹形窗内分别安放30尊人物雕像，其拱形窗口仿照罗马大斗兽场的形状，人们称其为"四方形的斗兽场"，是现代科技与古罗马文化艺术相融合的典型。此外，还有圣保罗教堂、考古博物馆、民俗博物馆、可容纳数万名观众的圆形体育馆以及许多星级大饭店。有一座高达56米的蘑菇餐厅值得一提，因为它像一座水塔那样高高耸立，只能乘电梯而上，顶上可观赏罗马风光，一览无余。如果你要前往中国驻意大利大使馆文化处，只要看到蘑菇餐厅，就很容易在附近一条小街上找到它。新罗马不仅有新的特色，而且是健身旅游的好去处。这儿锻炼身体的场所很多，有体育馆、室内游泳池，还有一个很大的人工湖。湖边种有鲜花、草坪，适合散步休闲。湖中可以游泳、划船、打水球或举办龙舟赛。这里还有规模很大的月亮公园，它是青少年和儿童特别喜爱的游乐场所。

Tips

新罗马
EUR (ESPOSIZIONE
UNIVERSALE DI ROMA)
从罗马乘汽车或地铁B线往南几公里便可到达卫星城新罗马。

首都近郊的旅游胜地 —— 迪沃里千泉宫

千泉宫是罗马郊区最美的风景区之一。它闻名于世，是因为这座花园别墅有它的独特之处。千泉宫位于乡村小镇迪沃里，距罗马10余公里。在古代，迪沃里已成为古罗马帝王和诗人、富豪所喜爱的休养胜地。奥古斯都、图拉真、贺拉斯、阿德里亚诺等人都来过此地。不少政治家、高级将领和艺术家纷纷到这里修建别墅。1571年，身为红衣主教的迪沃里执政官德斯特花费巨资在山坡上修造了一座别墅，起名叫德斯特别墅。因为他在别墅的花园里修建了上千座喷泉，所以人们称此别墅为千泉宫。这儿地处郊外，空气新鲜。树木花草满坡遍野，小鸟在树上歌唱，蝴蝶在花丛中飞翔。坡下有几座水池，池水清澈透底。水池周围，沿着山丘，上上下下布满各式各样的数不清的喷泉。潺潺的流水日夜不停，向四周吐出团团薄雾，你一到此地就像置身云雾山中，仿佛走进了迷人的天宫。这里的喷泉密密麻麻，有大有小，大型喷泉有十几处，小型喷泉有几百处。有的造型是单独一处的，有的则是一组一组、一群一群的。现列举最著名的几处，请你欣赏。

大酒杯喷泉

这一喷泉由文艺复兴时期的艺术大师贝尔尼尼设计，此巨型酒杯竖在一个圆形空石内，这具空石又在一个大贝壳之上。杯中喷射出的泉水落在贝壳之上，发出悦耳动听的声音。

千泉宫飞珠溅玉

绿意葱茏的千泉宫

椭圆形大喷泉

这是园中最壮观的喷泉。喷泉中有一个上粗下细的圆柱，水从圆柱周围顺流而下，呈椭圆形，非常迷人。游人从石柱后侧走进水帘中，只感到眼前有些雾蒙蒙的，而水珠并不会淋到你的衣服上。你透过水帘，还可见到园中的游客，真是十分有趣。

管风琴喷泉

它以楼房为背景，面积很大，气势雄伟。你从下往上一看，它宛如露天中的一组巨大的管风琴。这组喷泉构造新颖，技艺精湛。当大量泉水不停地向下流淌时，发出一种叮咚响声，悦耳动听，引人入胜。

百泉路

这是一条小径，长约百米。在小路旁边的长堤上，修建了上百座小喷泉，每

每不到一米之隔，就会有一座小喷泉。喷泉的色彩和造型各不相同，真可谓五光十色，千姿百态! 有的水花从仙鹤口中吐出，有的泉水从鹰嘴里喷出。这些优美的造型使人回味无穷，流连忘返。在这儿，所有的喷泉都是从上而下喷水，在下方形成一条细长的河沟，沟坎上又修造了一排喷泉，正好同上一排喷泉平行。河沟的下边有修了一条河沟，沿着沟渠又修造了一排喷泉。就这样，在几道沟渠上布满了一层层的喷泉，遂得名"百泉路"。千泉宫的名泉很多，还有孔雀喷泉、巨龙喷泉、船形喷泉、柏树喷泉和罗马女神喷泉等，真是数不胜数。

Tips

迪沃里千泉宫
TIVOLI VILLA DI ESTE

乘汽车经过罗马火车站进入帝布尔蒂纳公路，经阿德里亚诺别墅后，沿着一条山路，当你在路边见到"VILLA DI ESTE"字样时，就到了迪沃里千泉宫。

罗马近郊著名的古城遗址 —— 奥斯蒂亚

　　罗马的起源是和意大利最著名的一条河台伯河联系在一起的。台伯河的源头在翁布里亚北部的富马约罗山（FUMAIOLO），它流经许多乡镇，最后到达罗马。河水从罗马天使古堡大桥等28座桥梁下缓缓流过，经过提贝里纳岛后，注入第勒尼安海。这就是台伯河的入海口，奥斯蒂亚古城就建在这里。

城市沿革

　　奥斯蒂亚古城遗址闻名于世，可以与庞贝相媲美。该城离罗马仅20余公里。因为它靠海，古时这儿还有一些盐田，生产的食盐沿着台伯河水道销往各地。相传奥斯蒂亚最早是在公元前630年由古罗马第四任国王安科·马尔齐奥建造的，后来又经过多次重建和修复。根据古罗马最伟大的诗人维吉尔在其史诗《埃涅阿记》中所述，特洛伊城被希腊人攻占后，特洛伊的英雄埃涅阿逃往意大利，从罗马附近的台伯河入海口上岸后，在意定居。埃涅阿出身高贵，气质不凡，才貌双全，拉丁王的女儿拉维亚对他一见钟情。埃涅阿婚后便忙于在罗马建城。因为他是从奥斯蒂亚上岸

罗马近郊古城奥斯蒂亚

的, 所以奥斯蒂亚名声大振, 日益繁荣、壮大。我们现在所见城中文物, 大约是公元前200多年的遗迹。历史上, 它曾经是罗马帝国的殖民地, 由于商贸和海运的需要, 在城西建造了港口。为了捍卫台伯河口, 防止海盗入侵, 罗马军队在此设防, 作为海军的兵营。后来港口遭泥土沉淀侵蚀, 城内疟疾流传, 人口剧减, 城市萎缩。

Tips

古城奥斯蒂亚
OSTIA ANTICA VIA OSTIENSE

位于台伯河的入海口, 离罗马20多公里。驱车以罗马卡拉卡拉浴场一直往南便可抵达古奥斯蒂亚。

千万别错过的景点

奥斯蒂亚古城年代久远, 历尽沧桑, 一砖一瓦都成为历史的见证, 观看这些遗物、旧址, 你如同回到古罗马时代的环境之中。

露天剧场

入城后, 见到一个大广场, 叫狉利广场。附近有行会街, 街这边是行会市场, 那边便是露天剧场了。这一巨大的扇形剧场是古罗马人游乐的场所, 在这里可欣赏杂耍及角斗士的表演。剧场建于奥古斯都时代, 可容纳3000名观众。看台有25排, 分层排列的坐席和半圆形的贵宾席均保存完好。整个建筑十分对称、美丽、壮观。舞台后有一排长长的石柱, 石柱后有苍松翠柏, 这片绿地就是剧场的后花园。

奥斯蒂亚壁画

56

we all live on the same planet

奥斯蒂亚掩映在绿色中

朱利奥二世古堡

古堡屹立在城边，两座圆形建筑相对而立，风貌古朴，为小城增添异彩。此古堡由大主教朱利奥二世所建造。为纪念建筑师，古堡的门框上刻有佛罗伦萨建筑师巴乔的名字。古堡离台伯河入海口很近，位于古代沿海要冲，它是防御敌人从海上入侵的堡垒，是守卫罗马的要塞。古堡呈圆柱形，上部直径增大，下部是39米高的基座。在古堡周围，建有6米高的围墙。历史上在这里发生过重要的军事行动，文艺复兴大师拉法埃洛以此内容创作了名画《奥斯蒂亚之战》，这幅画至今仍珍藏于梵蒂冈博物馆。

壁画和镶嵌画艺术

名不虚传，在奥斯蒂亚的广场、街道、墓穴、豪宅、行会、商场、寺庙、浴场到处都有这类艺术创作。有一幅著名的

壁画题为《七贤哲》，画中七位贤人神色和表情各异，但每个人都显露出智慧的光彩。他们被艺术家刻画得活灵活现，栩栩如生。这组连环画的故事起源于印度，通过波斯语和阿拉伯语传入欧洲。内容是王妃想陷害王子，在国王面前指控其罪状，聪明过人的七贤哲将王妃的谋害之词驳得体无完肤。此外，古城内到处都有用于装饰的镶嵌画，如行会广场有一幅著名的《出海帆船》，描绘两艘帆船在海上行驶的情景。由于风大浪急，两船在汹涌的波涛中飘荡，这一画面被刻画得淋漓尽致。《收购麦子》和《人与兽》两幅镶嵌画的艺术性也很强。

如你还有时间，还可在五个城区中徒步行走，浏览一下神庙、行会、市场、旅馆、氏族大院、皇宫、贵族庭院、私人住宅等遗址以及水井、磨坊、浴场、公共洗衣房、陵墓等地方。

黄昏，宁静的气微遏

正在走向死亡的城市 —— 气微遏镇

人们听说过位于巴勒斯坦和约旦之间的死海（比海平面低392米），也可能听说过在埃及开罗西北郊的死者城（远看像一座小城的墓地），但听说过或见过意大利死城气微遏（CIVITA）的人确实不多，这是由于此城镇不大，且离大都市较远之故。但是，由于旅游事业日益发展，现在每天到此游览的人越来越多。

死城在哪儿?

在意大利拉齐奥大区，位于首都罗马以北约90多公里处，有一个孤立的小城镇叫气微遏，它就是我们所说的死城。死城属于巴尼奥雷焦市（BAGNOREGIO）行政管辖。巴尼奥雷焦市面积不大，居民仅4000余人，它属于维泰博（VITERBO）地区。古时的维泰博是伊特鲁里亚人的村落，后被古罗马帝国以及罗马教廷所统治。巴尼奥雷焦市在公元600年曾分为两部分，东城叫气微遏，西城叫罗达（RODA，即现在所称BAGNOREGIO市）。

神奇的城市

在现代世界，各城市都有先进的交通，汽车、火车、电车，煤气、水、电设

空中楼阁般孤独的小城

看点 See the world with a diplomat
此城面积约3万多平方米，人口只20余人（孩子逐年减少）。

58

we all live on the same planet

施齐全，还有电话、电脑、商场等服务行业……而在气微逼，什么都没有，俨然是一座古代城市，历史在这里倒退了几千年。然而这里有生命存在，偶然可以见到残垣断壁之上长着一束野草，旁边还有一只小猫懒洋洋地晒太阳，或许还能碰到一位疲惫的老妪在蹒跚而行……

一座与世隔绝的城市

这是一座与世隔绝的城市，它像空中楼阁，又像是中国浙江千岛湖中的一个孤岛。这里可以观看的景点主要有：城市外观、城门、城内广场、教堂、街道。你还可以顺便了解一下民俗。一到这里，映入你眼帘的就是一座高大的石头山，山上有稀疏的房屋。四周是死灰色的大峡谷，如万丈深渊，寸草不生，人兽皆无。此山只有一条通道，即长达几百米的水泥桥，从东南方向而上，一直通到山城唯一的城门——圣玛利亚门。你可以顺着桥徒步而上，一直走到圣玛利亚城门。这里的每一处建筑、每

灰色的石头山，灰色的石头屋

一条街道都有一段不凡的历史。圣玛利亚城门，由石块垒成，最早由伊特鲁里亚人修建，后几经修复，现在所见是公元6世纪重修而成的。城门上有一拱形装饰，顶上有一个塑像，看来是一尊护城神的雕像，门后是高大的石墙，墙上建有瞭望窗口，窗子再往上是钟楼。大门左边是一排石房，供古时士兵镇守城门所用。进城后，你的第一印象是，死一般的寂静，真是如入无人之境。此城面积约3万多平方米，人口只20余人（孩子逐年减少）。过了城门，就步入圣玛利亚街，这是一条狭窄的由小方块石铺成的路，逐渐向上倾斜，路两旁各有一条小沟，这是下雨时排水用的。此路也是伊特鲁里亚时代所修筑的。过了这条街，前面显得开阔、明亮一些，因为眼前已到圣彼得广场。这个广场经历了各个历史朝代的风风雨雨。

死城最大的广场是圣多纳托广

场，其周围有一高大的钟楼，钟楼附近有古老的主教府，另一座楼房是古时市政府的所在地。这些建筑也是伊特鲁里亚时期的。在1550年，这儿又建造了一座很大的楼房，称为复兴大楼。死城最大的教堂是杜奥莫大教堂，建于公元6世纪，是城里最重要的具有巴洛克风格的建筑。至今人们仍然到这里做礼拜，他们相信，只有祈祷才能挽救这个将要毁灭的城市。由于遭受地震严重破坏，教堂多次被修复。现在所见到的样子是1511年重修的结果。教堂内有许多文艺复兴时期的壁画，保存最完好的是《圣母抱婴儿》这一幅。此外，死城还有三条主要的街道，即玛埃斯塔街、圣博纳纹图拉街和圣玛利亚德卡赛罗街。这些街道都能通往山城边沿，可饱览死城周围风貌。

世界唯一的死城 —— 气微遢历尽沧桑

只有一条公路与外界相通的死城

伊特鲁里亚人

死城的历史可追溯到铁器时代和铜器时代。它的文明是从伊特鲁里亚人在这里建城开始的，公元前7—前6世纪，伊特鲁里亚人就开始在这里居住，当时罗马人还在过着游牧生活呢！这儿地势险要，临近台伯河中游，水运

60

we all live on the same planet

方便，且易于防守，当时已成为重镇，是伊特鲁里亚人统治最理想的地方。为了防御，该部族兵士架起一座木桥，通往山上。如有人攻城，他们便拆断或烧毁木桥。公元前295年，罗马人进攻此地，经过激烈战斗，伊特鲁里亚人被打败，从此，此城由罗马人占据并实行殖民统治。罗马不少名人、官员、大家族在此处

迭遭地震损毁

历史上多次发生的大地震，对城市造成巨大损害，许多房屋倒塌，人员伤亡。公元前280年、公元1297这里发生过大地震，公元1349年、1695年、1764年的三次地震造成的损害更大，从巴尼奥雷焦到气微遏的道路被摧毁，气微遏市

现代生活离这座小城似乎已经很远

定居，他们修筑道路、改良土壤、开凿水井，此镇成为罗马统治时期的宗教中心。在文艺复兴时期，这儿的文化、艺术、建筑又得到进一步发展。意大利独立后，当地政府把气微遏作为文物保护单位，居民生活也大大改善。

由此彻底孤立了。直到1965年，通往死城的水泥桥终于修建成功，人们才看到了生活的希望。

现在，死城的常住居民仅20人，且都是耄耋之年。随着时间的推移，人口将会越来越少。而在公元6世纪的兴旺

时期，这里人口较多，即使到18世纪，山上还有1000余人，20世纪时，减少到只有600余人。

由于山上物资匮乏，车辆无法进城，货运不畅，居民生活十分艰难。当地政府曾多次劝说居民们从山上迁出，但这些老人故土难离，他们不愿意抛掉世代相传的生活方式。这里的居民生活简单，他们只吃点面包圈和糕饼，平日也进行一些手工劳动，如编制水果篮，用木头、枝条或布料制作各种玩具等等。节日期间，居民们观看当地的赛驴表演，骑手们一手握着缰绳，一手拿着驴鞭，穿过重重障碍，最早到达终点为胜。有趣的是，当地人习惯讲一种土语，一般人是听不懂的。

阳光和快乐之城 —— 那不勒斯

意大利第三大城市

那不勒斯是意大利南方最重要的城市，也是位列于罗马和米兰之后的意大利第三大城市。那不勒斯三面环山，一面临海，碧波万顷的那波利海湾，吸引无数游客纷至沓来。这里是坎帕尼亚大区的首府，也是地中海的重要口岸，意全国第二大港口。

那不勒斯的历史有两千多年。古希腊人因为这里美丽的自然环境和温暖的气候而着了迷，于公元前7世纪便来到这里，先在库马建了一个殖民点，后又开辟了另一个新的居民点，起名"新城"（希腊语为NEAPOLIS），后来演变为那不勒斯或那波利。公元前4世纪那不勒斯被古罗马统治，成为奥古斯都、尼禄皇帝喜爱的避暑胜地。罗马帝国衰败后，此地先后被哥特人、拜占

可爱的那不勒斯女孩

庭人、伦巴第人占领。从16世纪初叶开始，西班牙统治了200余年。此后奥地

> **Tips**
>
> **那不勒斯市内主要景点**
>
> 市中心和主要名胜古迹都集中在市政府广场附近，这里被称为旧城，是那不勒斯最富有民情和特色的地区。广场上有巨大的圆形喷泉和国王维托里奥·艾玛努埃莱二世骑马铜像。这里还有古堡，游人可进入参观。离古堡不远的地方，可参观长廊和圣卡洛剧院。此外，著名的博物馆也很多，如考古博物馆、陶瓷博物馆、矿物博物馆、水族馆、卡波迪蒙特博物馆和圣马尔蒂博物馆等。那不勒斯市内有135个古老的教堂和修道院，著名的有圆顶大教堂和圣基亚拉教堂等。市郊及其周边可参观的地方也很多，如维苏威火山、庞贝古城遗址、卡塞塔皇宫和卡普里岛等游览胜地。这几处参观景点我们将接着参观游览。

we all live on the same planet

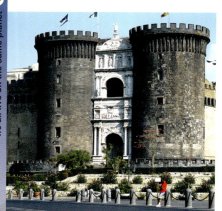

古老的建筑昭示着悠久的历史

利、法国也占领过。长期的异族统治，严重影响了那不勒斯经济的发展。但从另一方面来说，外族的交替统治也为那不勒斯带来了丰富多彩的文化，正是在此基础上才逐步形成了那不勒斯特有的文化。

地中海著名的风景区

那不勒斯面向波涛起伏的大海，头上是万里无云的蓝天，是地中海著

那不勒斯海滨

名的风景区。人们把那不勒斯称作"阳光和快乐之城"。这里气候温和舒适，一年四季阳光普照。"一方水土养一方人"，那不勒斯优美环境和宜人的气候造就了那不勒斯人独特的性格。

当地人性格开朗、豪放，轻率但不让人讨厌，幽默又富有才智，很富有魅力。谈到魅力，还有一段有趣的民间传说呢！古时有一个海妖，美如天仙，又有着圆润动听的嗓音。她是一名少女，名叫帕尔泰诺佩。她一年四季，无论春夏秋冬，白天黑夜，每天都站在海湾附近的山丘上，用悠扬的歌声诱惑过往船上的海员。后来，她不幸离开人世。死后被埋在她每日唱歌的山丘上。那不勒斯就是在她的墓地附近建立起来的，就像她一样魅力诱人。那不勒斯人生性爽直，

Tips

那不勒斯新城堡
CASTELLO NUOVO, NAPOLI

新城堡位于市中心的市政府广场，那不勒斯的主要名胜都集中在此广场附近。

充满活力,善于歌唱,自夸"人人都是歌手"。每年9月在这里举行民歌大赛。富有那不勒斯风味的《我的太阳》、《重归苏莲托》和《桑塔露琪亚》等民歌在中国广为流传。世界上杰出的男高音歌唱家卡鲁索就出生于此地。那不勒斯圣卡洛剧院建于波旁王朝统治时期,它金碧辉煌,音响效果极佳,与维也纳和米兰的歌剧院齐名。

那不勒斯及其周围有许多美景很值得一看,正如名言所说,"见到那不勒斯,死了也心甘"。

意大利的活火山 —— 维苏威

维苏威火山

世界著名的活火山

维苏威火山和埃特纳火山都是世界著名的活火山。维苏威在那不勒斯东南11公里处,埃特纳在西西里岛东北角。这两座火山既不像日本的富士山(它处于休止状态),也不像新西兰的鲁阿佩胡火山(它虽仍在喷发,但火山口已形成湖泊),更不像美国夏威夷火山群(这里喷发的玄武熔岩比较宁静,破坏性小,景色壮观,吸引人们前往观光),它们的爆炸性很强,威力更大,对百姓的生命财产损坏严重,造成的后果十分可怕。

维苏威火山海拔1279米,从远处看,其外表是一个圆锥形。它在历史、考古和艺术方面都享有盛名。一年四季到此参观的人络绎不绝。历史上,人

Tips

维苏威火山
VULCANO , VESUVIO
位于那不勒斯东南11公里处,从罗马或那不勒斯乘旅游大巴前往比较方便。

们可从山脚下乘坐缆车直达火山口，1944年火山喷发后，缆车停用。游人上山后，伏身火山口旁，可以目睹喷火口冒烟奇观。火山口内壁是一个直立的大圆洞，深达千余米，顶部因火山喷发而塌陷，直径约有20余米，底部有一百几十米。眼看着坑底还断断续续地冒着热气，如炊烟一般，让人感到不寒而栗。据专家介绍，这类活火山在停止喷发期间，内部仍然处在持续的沸腾状态，火山口则始终冒出烟雾。我们看到，这里也像其他国家境内的火山一样，在山坡上建立了观测所，时刻注视火山的动向。多年来，聪明智慧的那不勒斯人在这儿修建了索道及护栏等设施，还有出售旅游纪念品的商亭，也许当地人会逐步把它建成一座火山公园，将来也像菲律宾的阿波火山国家公园那样，吸引更多游客的到来。

多次发生大喷发

看了火山口冒着的青烟，人们自然会联想到公元79年"8·24"大灾难。正是这一天，维苏威火山大爆发，酿成了震惊千古的人间惨剧。这次被火山岩浆掩埋的城市有庞贝、埃尔科拉诺和斯塔比亚。24日火山爆发那天，突然发现火山顶上出现一大片乌黑的云团，接着山顶发出轰隆巨响，震耳欲聋，火光四射，岩浆迅即喷出，高达千米，喷射出的火山灰和大小石块，如雨点一般从天而降。所经之处，房屋、树木被焚烧，庄稼成灰烬，大地一片焦土。火山爆发出大量的炽热气体与天空的乌云交汇，形成倾盆大雨，雨水沿着山谷奔腾而下，造成巨大的泥石流。自公元79年第一次火山爆发后，维苏威火山成了活火山，历史上多次发生大喷发。

尽管火山喷发给当地人民生命财产造成巨大损失，但居民们还是不愿远走他乡，不愿舍离故土，原因是山脚下的土壤被火山灰覆盖后，十分肥沃，为农业生产提供了极为有利的条件，山麓及周围地区由此发展成丰产的种植区。这里盛产葡萄、蔬菜、水果。每年大部分季节里，漫山遍野盛开黄色的金雀花。山谷里还长满了郁郁葱葱的栎树、栗树和桦树。还有一种五针松，枝叶繁茂，树冠如伞，这种地中海松为此地的风光锦上添花！

坐看夕阳

被火山爆发掩埋的古城废墟 —— 庞贝

庞贝古城废墟在那不勒斯东南，距维苏威火山南麓仅1.6公里。它被掩埋1800余年后重见天日，成了举世闻名的游览胜地，每年吸引200多万游客，联合国教科文组织已将其列入世界文化遗产名录。

庞贝古城广场房屋水池中的铜质雕像

修水渠时发现废墟遗物

1748年，当地农民在为葡萄园修筑水渠时，偶然发现了一些石像、陶器和古建筑的墙壁。最重要的是还挖到一块石碑，上面刻有"POMPEI"字样。这是城市的标志性物件，它为庞贝验明正身，引起人们的注意。也正是从那时起，开始了对古城的正式发掘。

古城庞贝繁华、兴盛

古城庞贝离大海较近，海边建有港口。市区共分为9个区，城西南的商业区是政治、经济和宗教中心。全城街道笔直，有五条主要干道，南北向两条，东西向三条，贯穿全城，主要街道两旁均有人行道。在干道之间，有许多小街小巷。市内有棋盘式的交通网。当时城内已有完整的供水系统。通过用砖石砌成的渡槽，把山泉从城外引到城里，然后通过埋在地下的瓦管，将水通往各个富

庞贝古城

庞贝古城大剧场

户人家及公共浴池。在市区，修造有教堂、竞技场、剧场、作坊、店铺、小旅馆、公共浴场以及各式住房。根据地位和经济实力的差别，古时的住宅大致分为三种：一是豪华住宅，主要是贵族、地主、部族头人、地方长官等上层人物居住；

二是一般性住房，由商人、自由人、手工业者居住；三是简易住房，这种房子一般与作坊、店铺相连。作坊店铺临街，方便做生意，后边的小间屋子作为住房。

庞贝建城的历史很久，距今已有2700多年。最早它是海湾中的一个小岛，由于地壳剧烈运动，后来逐渐与陆地连成了一片。公元前8世纪，一些奥西族人开始在维苏威火山东南20多公里处的海滨营造房屋，这就是最早的庞贝。此地背山面海，地理位置十分优越，引起希腊人的极大兴趣。在公元前6世纪前后，这里逐渐被希腊人同化，后来，又被古罗马人统治。

庞贝两次被火山爆发所掩埋

公元79年8月24日，意大利南方的夏日，天气闷热得异乎寻常。下午，一片奇特的云彩出现在维苏威山顶，遮住了

火山喷出大量的火山灰和熔浆，掩埋了整个庞贝城，其深度达到了6米。

晴空。接着是震耳欲聋的爆炸声，庞贝人吓得目瞪口呆，眼巴巴地看着炽热的

石块从上空泻下，火山灰接踵而来，填塞了房门、窗户……同时也填塞了尚未

Tips

庞贝废墟

可从NAPOLI乘火车或汽车抵达庞贝（POMPEI SCAVI 入口在海门，PORTA MARINA）

VIA VILLA DEI MISTERI, 2

地　址：梅斯特利别墅大街2号

开放时间：4-10月 每天8：30-18：00

11-次年3月 每天8：30-15：30

票　价：10欧元（半价5欧元）

庞贝古城街道

逃走的百姓的眼睛、嘴巴和肺部。在最后一瞬间的恐怖之中，惊慌骤然停顿，人和牲畜都完全被凝固，进入了矿物的状态。火山喷出大量的火山灰和熔浆，掩埋了整个庞贝城，其深度达到了6米。从此，这一古城便完全从地面上消失了。火山爆发那天，凡是距火山周围20公里的地方都属重灾区。埃尔科拉诺和斯塔比亚两市也被毁灭。当时庞贝城不足2万居民，大部分人及时逃离，约千余人罹难。火山爆发那年，庞贝离海边仅500米。由于火山爆发、地震频频发生，致使陆地扩张，现在庞贝离海滨已有2000米了。从公元79年那次火山大爆发后，维苏威便活跃起来，已转变为活火山。20世纪，维苏威火山曾多次爆发，最后一次是1944年，当时盟国军队已在那不勒斯附近登陆。3月20日，熔岩通过新的火山裂口顺势下泻，庞贝古城再次被埋在火山灰之下。

通过几百年、几代人的考古发掘，庞贝古城重新有了生命。正如有的学者所言，维苏威火山大爆发，虽然断送了古代一个美丽的城市，但对人类未来世世代代来说却益处多多，它把古罗马生活及希腊艺术的种种痕迹都忠实地保存下来，创造了独一无二的古迹保存纪录。

不容错过的参观景点

1、文物博物馆。由海门可到达。馆内珍藏了庞贝出土的许多文物。2、大小戏院和露天剧场。大戏院是按古希腊风格建造的，用于演出活动；小戏院是举办音乐会的场所；露天剧场呈椭圆形，用于竞技和表演，可容纳1.2万人。3、神庙和住宅。从海门进入遗址公园后，沿右边斜坡走上去，就到了市中心广场。这里集中了全城大部分最宏伟的公共建筑。如朱庇特神庙、阿波罗神庙、公共大会堂、官员演讲台、执政官及元老院所在地等。著名人物的住宅有：梅南德罗之家、韦蒂之家、福诺之家，都值得一看。接下去还可参观斯塔比亚内浴场、别墅和教堂。

庞贝古城广场房屋中的水池　　　　庞贝古城广场

卡塞塔王宫知名度能与巴黎的凡尔赛宫相媲美。

南欧的巴黎凡尔赛宫——卡塞塔王宫

宏伟壮观的王宫

在那不勒斯附近有一座小城叫卡塞塔，是卡塞塔省省会，人口约7万。这里有宏伟壮观的建筑——卡塞塔王宫。这座王宫举世闻名，其知名度能与巴黎的凡尔赛宫相媲美，人们把它称为南欧的巴黎凡尔赛宫。

宫殿与后花园

王宫由意大利著名建筑师路易吉·范维特利和他的儿子按波旁王朝查尔斯国王的旨意，用了22年的时间，于1774年建成。整个园林式建筑包括雷贾宫殿和范维特利后花园两部分。整个建筑十分对称、均衡、和谐，很有气派。王宫共5层，内有1200个房间，布置非常豪华。室内家具精美、高雅，并摆设了各式各样的艺术品，墙上饰有壁画或油画。国王、王后及王室成员的寝宫更是富丽堂皇，华美无比。后花园是一个山丘，由密林所围，四周建有环形马路，中间有一条长长的水道为中轴线。水道所经之处，形成多条人工瀑布。流水源于山丘丛林之间，后花园很大，占地面积达120公顷。

帝王享乐之场所

卡塞塔王宫是为帝王所修建，也是为帝王所享用。这座闻名遐迩的园林是当时国王休假、会客、游玩、打猎的场所。建成后，费迪南四世多次到此处宴请宾朋、观景、打猎，歌舞升平。

坐落在巴黎郊区的凡尔赛宫驰名全球，它比卡塞塔王宫建成的时间要早85年。正因为如此，修建卡塞塔宫殿和花园才有借鉴凡尔赛宫经验的可能。卡塞塔王宫从总体上吸收了凡尔赛宫豪华、宏伟两大特点，总的布局和造型有类似之处，但后花园的面积却比凡尔赛宫还要大20公顷，在宫殿建筑和装修方面也有独到之处。有的艺术家称这两处园林为建筑艺术上的姊妹篇。

深远的历史纪念意义

卡塞塔王宫之所以吸引了世界各地的许多游客，还因为它是一座有历史纪念意义的建筑。1860年10月26日，在意大利王国成立前夕，萨伏依国王维托里奥·艾玛努埃莱二世与加里波第将军在这里举行了历史性的会晤，共商国家统一大业；二战期间，1943年8月，王宫曾作为同盟军的总部；1945年4月29日，就在墨索里尼在科莫被游击队抓获并判处死刑的第二天，驻意德军就在这座王宫里签字投降。

意大利园林艺术之典范

意大利从南到北，在许多岛屿、城镇及郊外建造了数目不少的园林。在选址方面，建筑艺术家们喜欢那些地形起伏较大的地方，以创造出动人的效果。他们利用地形来规划园林建筑，使园林与地形完全吻合，将周围环境与天然景色融为一体。园林的中轴线十分重要，有了中轴线便可决定喷泉、水池和花坛的位置、大小、坡道的形状等。园中建筑常常在中轴线上，有时也在庭院的横轴上。建筑物多相互协调和对称。中轴线也多加以装饰，富于变化，不显单调。可配以水景以及雕塑、台阶等，使轴线具有多层次的变化。园林通常都视野开阔，有较大的空间感。

修造园林的其他技巧还有以下这些：园中建筑物要根据地形和方位而定，一般安排在接近入口处。园中可设凉亭、花架、绿廊，也可建小广场或迷园。在适当的地方设置小画廊。在水池、喷泉、瀑布周围可用各种造型的栏杆加以点缀，也可安放一些雕像。在环境绿化方面，园内植物以不同深浅的绿色为基调，常绿植物与建筑、雕塑在色调上互相映衬，非常醒目。在大道两旁种上松、柏等树，形成夹道。绿篱和花坛在园林中也应用普遍。绿篱可修剪戒高矮不同、形状各异的造型，绿丛花坛可组成种种图案、花纹，十分美观。

意大利园林艺术的典范

看点 See the world with a diplomat 　那不勒斯有三宝：维苏威火山、卡普里岛、馋人的甜点忘不了。

72

we all live on the same planet

那不勒斯卡普里岛的奇观 —— 蓝洞

蓝洞奇观

蓝洞是卡普里岛最有名的景点，它在该岛北岸悬崖峭壁之下，洞口约1米高，洞内却很宽敞、明亮。

要去蓝洞，我们得从那不勒斯港口乘船，约半小时可达卡普里海湾港口。人们常说，那不勒斯有三宝：维苏威火山、卡普里岛、馋人的甜点忘不了。

古罗马帝王的行宫

卡普里岛与苏莲托半岛相望，自然环境优美，气候宜人，是世界著名的旅游、度假、避暑胜地。每年接待游客100多万。该岛面积10平方公里，常住居民8000人。在两千多年前罗马帝国时代，便有不少帝王到此观光。公元前29年，奥古斯都皇帝来到此岛，对这里的景色十分喜欢，他决定卖掉在伊斯基亚的一块土地，而在这里购地建园，大兴土木。园建成后，他在此定居多年。到了尼禄皇帝执政时期，他听说卡普里岛景致很好，决定亲自前来。他看后着了迷，派人修建多处豪华行宫，宫内收藏了大量珍宝和艺术品。在寝宫，乐队和演出队人员终日相伴，与他同歌共舞。他原定在此短暂逗留，由于兴致甚浓，一住便长达10年。公元4世纪，罗马其他君王也来此度假、游玩。到了近代，越来越多的意大利富商、贵族以及文学家、诗人都纷纷在此建造别墅。世界各地慕名而来的游客也不断增多。苏联大文学家高尔基在此岛住过7年。

Tips

蓝洞资讯

从NAPOLI港口乘船半小时，可达卡普里岛。

蓝洞位于卡普里岛西北角，从那不勒斯乘游船到达卡普里岛大港口（MARINA GRANDE）后再乘小船或汽艇到达蓝洞。选择晴天，最好是上午前往，参观效果更好。

1908—1910年列宁曾两次应高尔基的邀请来岛上休息，现在岛上还保留着列宁的雕像。

探洞

世上的事无独有偶，马耳他西南著名旅游区有个蓝洞，那不勒斯的卡普里岛也有个蓝洞，它们都大同小异。蓝洞是一名德国画家于1826年发现的。洞长54米，宽15米，高13米，水深18米。前往参观必须在船夫带领下，搭乘小船。小船每船可坐2—3人，通过入口时，船夫和游客均要俯下身子，以避免头部和上身撞在洞岩上。洞口离水面仅1米高、2米宽，为了安全，可用手扶住洞边的铁链，缓缓进洞。进去后真是别有洞天，你会有豁然开朗之感。洞内虽无照明，但并不显得黑暗。除了洞口透进光线外，还有从水底反射出来的光亮，因此整个洞内，从顶上到四周，一片蓝色，奇妙非凡！蓝洞因此而得名。有人问，海水的颜色变得如此美丽，奥妙何在？其实，奥妙就在于太阳光照耀洞外的海水，清澈如镜的海水竟然折光入洞，从水底向上反射，使洞中之水变成翡翠色。你若伸手轻轻撩起水珠，那些小水珠就像一颗颗透明的翡翠。你的手伸入水中，也是立刻变蓝，真是妙不可言。参观蓝洞时必须注意的是：第一，要选择光照条件好的日子，最好是上午；第二，要在退潮时进洞，涨潮前离洞，否则进退两难。

Tips

罗马购物攻略

推荐购物场所：西班牙广场(Piazza di Spagna)附近；纳沃纳广场附近；Via dei Coronari(Via Margutta)

罗马的大型百货公司在欧洲并不出色，但许多精致的小店，从鼎鼎大名的名牌到默默无闻的品牌都有。因为是原产地，很多品牌的价格都较为便宜，而且店员往往有更出色的产品知识，也能享受更好的服务。这类小店多集中在西班牙台阶对面的Condotti、Borgognona、Frattina等街道。

如果想购买世界顶级名牌和各种行头，可以去西班牙广场(Piazza di Spagna)一带，特别是Via dei Condotti、Via Frattina、Via delle Vite 和 Via Borgognona。西班牙广场附近的Via Nazionale、Via del Corso 和梵蒂冈附近的Via Cola di Rienzo 是购买中档服装的好去处，而二手货则可以在纳沃纳广场附近的Via del Governo Vecchio找到。如果想找古董或者是一些特别的礼物，可以尝试去Via dei Coronari 或是Via Margutta，这里的店看上去就像艺术馆一样，当然价格也相当不便宜。

要是碰巧赶上大减价当然最好，不过要做好恶战一场的准备。减价每年两次，冬季从1月初到2月中旬，夏季从7月上旬开始到整个9月。各店虽然时间略有不同，但从店内花花绿绿的贴纸就能一眼看出来，受欢迎的商店减价时甚至从早晨开始就有人排队等候。

中国驻意大利使馆地址

地址：VIA BRUXELLES, 56 00198 ROMA ITALY

电话：0039-06-8413458

花之聖母大教堂

3

We all live on the same planet

具有特色风貌的
佛罗伦萨、比萨及威尼斯

意大利的文化古都 —— 佛罗伦萨

佛罗伦萨花之圣母教堂

文化首都

　　世界上没有哪一座城市像佛罗伦萨那样，对整个人类的历史文化产生过如此巨大而深刻的影响。就名胜古迹而言，意大利就是全球一个最大的露天

博物馆，整个国家的文化气息都十分浓厚。但要从深层次上来探索，在意大利能称得上"文化城"的只有三个，即罗马、威尼斯和佛罗伦萨。有人认为，佛罗伦萨是真正的文化艺术之都，其文化底蕴之雄厚、艺术宝藏之丰富更甚于罗马。这样说来，所谓"罗马是政治首都，米兰是经济首都，佛罗伦萨是文化首都"的说法就是顺理成章的了。

花之城

　　佛罗伦萨是一座有2000多年历史的古城，它的起源可追溯到公元前伊特鲁里亚部落兴盛时期。当时，这一强大的部落在亚平宁半岛中部的阿尔诺河与台伯河之间建造了12座城市以及一些小村落，其中有个小村叫费索莱(FIESOLE)它建在一座小山丘上。后来村民发现山下亚诺河边的水源和环境比山丘上要

佛罗伦萨的阿尔诺河穿城而过，许多古桥给这条河流增添了无限风情

阿尔诺河上最著名的金桥，桥两边多是金铺

好得多，于是村民们陆续迁移到亚诺河畔定居，镇子逐渐繁荣起来，发展为较大的市镇。因这里是南北交通必经之道，地理位置十分重要，恺撒皇帝派兵占领了这里，将其定为罗马属地，并敕名FLORENZIA，拉丁文即FLOS，这个词有"花"之意，人们习惯称它为"花"之城。后来，城名又演变为佛罗伦萨。此城的市徽是玉簪花，在著名的主教堂（又名花之圣母教堂）的墙壁上还绘有许多玉簪花的精美图案呢！

文化古迹遍布全城

佛罗伦萨是文艺复兴的艺术宝库，满城古香古色，在各类博物馆、大小教堂、修道院、广场、花园、街巷、桥梁，在山坡上，在河流旁，到处弥漫着文化艺术的气息。全市有43座博物馆、美术馆，有65座华丽的宫殿和教堂，收藏了无数

市政广场

的艺术珍品。由于名胜古迹和艺术品太多，难以在短时间内看完。建议只看最精彩、最有代表性的以下几处：1、花之圣母教堂，即主教堂，其大圆顶是该市最具代表性的建筑，教堂内藏有大量珍贵的艺术品。2、老宫及对面广场。老宫原为美第奇家族府邸，后为当地政府所在地。对面广场有许多石雕值得欣赏。3、比蒂宫。是该市最大的花园式建筑，

弯曲的亚诺河,红色的屋顶,古老的建筑,悠闲的喝着咖啡的人,佛罗伦萨如一幅美丽的图画

看点 看点 See the world with a diplomat 佛罗伦萨养育了大批的建筑师、雕刻家、画家、诗人和文学家。

80

为数众多的美术馆、博物馆，收藏了大量艺术珍品

曾是美第奇家族的宅院，1946年收归国有。可观赏宫廷内的美术馆、珍宝馆和现代艺术画廊。4、乌菲齐宫。此宫与老宫毗邻，历史上是美第奇家族办公之地。乌菲齐美术馆有45个展室，珍藏几万件美术作品。众人将此博物馆与卢浮宫相媲美。5、老桥。它的历史始于罗马帝国时期，这里留下了许许多多历史的印记。桥上林立的店铺，独具特色。

巨人辈出

历史上，佛罗伦萨出现了大批专家、学者、名人，他们在科技、文化等方面推动了人类社会的进步。恩格斯评价文艺复兴运动"是一个需要巨人而且产生巨人"的时代。佛罗伦萨这个古老的城市养育了大批的建筑师、雕刻家、画家、诗人和文学家，如布鲁内莱斯基、乔托、提香、拉斐尔、吉贝尔蒂、达·芬奇、米开朗琪罗等等。值得提及的还有

大街小巷弥漫着文艺气息

该市著名的航海家亚美利哥·维斯普奇，他随葡萄牙人的船队，沿着哥伦布走过的航线东征，认真考察了亚美利哥后，确定这是一块新大陆，并在他于1507年所著的《海上旅行故事集》一书中，向世人宣布新大陆的概念。后人为纪念他所做出的巨大贡献，就以他的名字为新大陆命名，称为亚美利亚洲。后人为了将各大洲名称的词尾保持一致，就改称为"亚美利加洲"了。

文教事业的发达

佛罗伦萨的文化教育及科研相当发达。佛罗伦萨大学创建于1321年，该校有6万名学生。除综合性大学外，佛罗伦萨还有美术学院、天文研究所、文学研究院、原子能医学研究中心等，佛罗伦萨还是现代意大利语的诞生地。意大利语是在佛罗伦萨方言的基础上逐渐发展成为全国通用语言的。

只有去美术学院陈列馆才能看到大卫雕像真品

大卫雕像真品在美术学院

在佛罗伦萨，有三个著名的地方存放着三尊相似的大卫雕像：一尊在老宫门前的广场上，一尊在城郊圣米纳多山丘米开朗琪罗广场上，还有一尊在美术学院陈列馆。根据作者米开朗琪罗本人的意见，雕像原作曾安放在市政府办公地点老宫门前。1873年，为了保护这件精美的艺术杰作，将它移至美术学院。现在老宫门前以及米开朗琪罗广场上的雕像都是复制品。所以，只有去美术学院，才能欣赏到真正的大卫雕像。

佛罗伦萨美术学院大卫陈列馆

凿一块石，掉一滴汗

米开朗琪罗为了制作大卫雕像，夜以继日，废寝忘食，全神贯注，费尽心血，在三年的时间里，手持工具，一锤

一锤地精雕细凿，最终才完成了这一巨作。他是在一次偶然的情况下发现了一块5米多高的大理石后，才决定进行这一创作的。原来这块石头已被人用来制作大卫像，但因被凿坏而报废。在被

一块报废的石头，经米氏妙手成为艺术史上的经典作品。

看点 See the world with a diplomat

we all live on the same planet

大卫像仿制品

搁置了一百多年之后，这块石头为年轻的米开朗琪罗得到。当时米开朗琪罗29岁。这尊雕像成为了米开朗琪罗一生中最杰出的代表作之一。米开朗琪罗是文艺复兴后期杰出的雕刻家、画家和建筑师。他出生在阿雷佐的卡普莱塞镇（CAPRESE），6岁丧母，从小喜爱雕刻和绘画。后来进入美第奇家族创办的美校学习，丰富了知识，进步很快。他的石雕《酒神》、《母爱》、《摩西》，壁画《创世记》，以及由他设计的圣彼得大

Tips

佛罗伦萨美术学院陈列馆
在S. LORENZO广场东北500米
GALLERIA DELL'ACCADEMIA
VIA RICASOLI, 60 FIRENZA
佛罗伦萨里卡索利大街60号

教堂的拱顶都十分著名。

大卫形象逼真

大卫雕像艺术创作之目的在于表现一位坚强、勇敢的青年与敌人英勇战斗的光辉形象。雕像刻画了大卫左腿前伸，右腿直立，左手紧握石器，右手下垂，双目紧盯着前方的仇敌戈利亚，正准备全力将石子弹出时的情景。米开朗琪罗创作的大卫雕像有两大特点：首先，人物刻画得惟妙惟肖。艺术家运用了丰富的解剖学知识，体现了大卫强健有力的体魄，全身肌肉充满了青春的活力，显示出线条美；其次，作品集中刻画大卫临战一刹那间的形象，突出大卫正准备与敌人拼斗的勇猛无畏的精神。创作雕像期间，该市安全受到敌人威胁，作者以大卫的战斗精神，呼唤人民拿起武器，保卫家园。

大卫的故事

《圣经》旧约所述大卫的故事，十分感人。大卫是以色列人，是耶西的第八个儿子，他从小牧羊，长得眉清目秀，

聪明伶俐，善于弹琴，作战勇敢。非利士人经常侵犯伯利恒，巨人戈利亚连续40天每天都向以色列人挑战。大卫自告奋勇，经国王扫罗应许，决定与戈利亚对阵。大卫手持木棒和甩石机弦，将5块鹅卵石装进身上挎着的牧羊袋中。在山谷下，大卫与戈利亚交战。戈利亚傲气十足，看不起大卫的稚气。大卫勇中有谋，

佛罗伦萨购物攻略

推荐购物场所：托纳布奥尼街（Via Tornabuoni）；维尼亚·努奥巴大街 V.d.Vigna Nuova；卡采莲里大街 Via de'Calzaiuolio；圣·库罗契广场；韦奇奥桥；Via Porta Rossa。

要说到意大利的名牌就不能不提到佛罗伦萨这个城市。这里有世界知名品牌的老店和代表很流行时尚的精品店。在托纳布奥尼街两旁名店林立。橱窗里有名牌高级鞋子、手袋及各种服饰。另外，韦奇奥桥上众多的金银工艺店都有400年的历史。

佛罗伦萨的购物地区就在托纳布奥尼大街和维尼亚·努奥巴大街。在这里，只看商店的橱窗也很有意思。想购物的人一定要到连结西纳里亚广场与大教堂之间、人称"步行者天堂"的卡采莲里大街。

宝石与贵金属在韦奇奥桥一带，鞋与提包等皮革制品，高级的(名牌商品)在托纳布奥尼大街和卡采莲里大街，中等的在圣·库罗契广场周围。只想要点经济实惠型商品的可以去圣·罗伦兹教堂旁边的露天市场。露天市场的中心就是一

层楼的中央市场。如果要看一般的佛罗伦萨人的生活就去那里吧。一层是卖肉、鱼、奶酪的柜台，二层是水果、蔬菜的柜台。店员的叫卖声和市民活跃的气氛一定会成为你旅途中的回忆。

在佛罗伦萨的名牌商店购物虽然很愉快，不过中央邮局旁边的一条意趣盎然的小路Via Porta Rossa上有很多小商店，是条更让人愉快的街道。特别是文具店很多，而且价格适中。

全世界最有名的意大利葡萄酒红勤酒就是在佛罗伦萨诞生的。其中带有黑鸡标志的古典红勤酒是用佛罗伦萨与锡耶纳之间的古老的葡萄园里的葡萄酿成的，托斯卡那共计有5种意大利最高级别的D.O.C.G葡萄酒，是爱好葡萄酒人向往的地方，另外，白葡萄酒也很适合现代人的口味。

中国驻佛罗伦萨总领事馆

地址：VIA—DEI—DELLA ROBBIA，89—91FIRENZE，ITALY
电话：0039—055—5058188
电子信箱：chinaconsul_fir_it@mfa.gov.cn

边走边从袋中摸出一石，搭上机弦，突然挥手甩出石子，石子闪电般飞出，正中戈利亚的额头，戈利亚身亡。大卫大胜非利士人，成了著名的英雄。后来大卫又成为以色列统一王国的第一任国王，在位长达40年之久。

佛罗伦萨人视大卫为心中最崇拜的英雄。

伽利略的故乡 —— 比萨

比萨是位于意大利西部只有10万人口的小城，因为它有世界上独一无二的斜塔而名闻天下。伽利略这位近代科学之父，又为比萨增加了分量。

配角变主角

大家知道，在比萨的奇迹广场有一些著名的古建筑，如1118年建成的大教堂，还有洗礼堂和墓园。在意大利，修建教堂时，大多在教堂后边或附近修一个小小的钟楼，以为信徒们做礼拜提供报时之便，比萨大教堂也是如此。全部用大理石建造而成的斜塔，只是附属于大教堂的一个小建筑，作为钟楼之用，对于大教堂来说，它只是一个配角。1174年动工修造的钟楼，由于地基沉陷而发生倾斜，逐渐以斜塔出名，成为世界建筑史上的

有了参照，斜塔之斜一目了然

奇迹。几百年来，大教堂和斜塔的地位已互相转换，如今"配角"反倒成了"主角"了。

斜塔"斜而不倒"

这座呈圆柱形的8层斜塔，其特殊的样式在世界上是史无前例的。塔高56米，每层外围都有大理石石柱，底层墙壁上刻有浮雕，顶层有钟亭，塔内有螺旋状台阶可供游人登塔。修造此塔，工程较复杂，前后花费176年的时间。第一位建筑师是博南诺·皮萨诺。由于地质松软，南边地基比北边低陷两米多，工程进展缓慢，建至第三层，塔身出现倾斜，被迫停建达一个世纪之久。后来经过另一位工程师托马索·皮萨诺精确测量计算，证实此建筑无倒塌之险，才决定继续施工，直至1350年全部竣工。经计算，塔身每年向南倾斜1毫米。现在倾斜4米多。此塔经受了1972年、1980年多次地震的严峻考验，仍巍然屹立，真可谓"斜而不倒"！

比萨大教堂建筑群

眺望比萨古城

伽利略与斜塔

人们一提到斜塔，自然就会想到伟大的科学家伽利略。他的名字永远与比萨同在。伽利略是著名的数学家、物理学家和天文学家，对科技和人类的发展进步做出了卓越的贡献。他诞生于比萨，从小爱好广泛，后在比萨大学学习。25岁时在母校受聘为数学教授。他在天文学和物理学方面的贡献是巨大的。比萨斜塔名声远扬，不仅是因为建筑的特殊，而且还因为伽利略曾亲自在此塔上做过有名的自由落体运动实验。伽利略从实践中不断总结，进而从理论上得出了自由落体定律。他的这一重要理论，为人类后来科学的发展奠定了基础。

斜塔将来会倒吗?

拯救比萨斜塔，使其免遭或晚遭倒塌的厄运，这是意大利政府、联合国有关机构和各界人士十分关注的问题。

87

Tips

杜奥莫广场

距FIRENZE约80公里，可乘火车或汽车前往

P. ZA DEL DUOMO TORRE PENDENTE, PISA

奇迹广场上的雕塑

2004年，斜塔重新向游人开放。不过，对参观人数和停留时间采取了限制措施，每次登塔人数仅限15人，在塔上停留时间为30分钟。

由于地震、地下水压力及气候变化等原因，这些年来，斜塔的倾斜速度有所加快，为了防止斜塔坍塌，从1990年开始，意政府决定将斜塔封闭重修。最后一次修复于2001年底完成，抢修工程花费2500万美元，塔的倾斜度为4.5米，已达预期效果。专家认为，修复后的斜塔，抗震能力有所加强，只要不出现不可抗拒的自然因素，300年内不会倒塌。还有专家推算，按现在每年的倾斜速度，倒塌时间应在200—1000年以后。

比萨古城入口

看点 古堡、教堂、海滩，应有尽有。
See the world with a diplomat

88
we all live on the same planet

意东北部旅游胜地 —— 里米尼

里米尼是意大利东北部著名的海滨旅游胜地，离圣马力诺共和国仅20公里，人口13万。

新城旧城都精彩

里米尼分为新城、旧城两部分。这是一座历史悠久的城市。公元前3世纪，罗马人对这里实行殖民统治，后来拜占庭、伦巴第和法国又相继统治过这里。1334年，马拉泰斯塔家族统治里米尼。在旧城，名胜古迹很多，如公元前27年修建的古罗马奥古斯都拱门、圆形剧场遗址，13—14世纪修建的德拉伦戈宫、马拉泰斯神殿、文艺复兴时期的教堂，以及潘多尔福于15世纪建造的城堡和城墙等。新城距海滨1.6公里，是极其现代化的海滨度假胜地。这里的海滩黄沙细软，海岸平直、开阔，非常适合发展旅游、度假。从19世纪开始，海滩已逐渐开辟为旅游区。现在沿岸有宽广的马路，旅馆、饭店、酒吧和各类商店，形成了一条20公里长的海滨度假区。

旅游业的独到之处

里米尼的旅游业与别处不同，它具有自己的特色。首先，服务设施既多又好，各种设备齐全。有大小旅店1600家，客房4万间。旅店条件较好，电话、电器、家具等十分齐全，房间整洁、卫生。沙滩上，有各种颜色的遮阳棚和鲜艳的、没有尽头的太阳伞以及各式躺椅……游客有的在水中冲浪，有的在阳光下沐浴，有的在打沙滩排球，有的泛舟海上，呈现出一派热热闹闹的场景。里米尼的娱乐和消遣场所很多，酒吧间400余家，各式餐馆190多家，还有快餐、小吃店、比

萨饼店200家。此外，还有100多个舞厅和影视厅、100多个游泳池、几十个网球场、保龄球场、旱冰场，还有水族馆和海豚馆等等。其次，服务周到。旅店对客人十分尊重，服务态度好。游客打电话、购物、用餐都很方便，价格合理。客人在购票、乘车等方面有什么困难，需要什么帮助，都会很快得到解决。里米尼旅游环境和条件优越，服务热情、周到，吸引了许多游客，大量的德国和北欧各国的客人成为这里的回头客，他们年复一年，不断来这里休闲、度假。每年来的游

Tips

里米尼相关景点

马拉泰斯神殿
地址：VIA MALATESTIANO 1号
古罗马奥古斯都拱门
地址：CORSO D'AUGUSTO 大道1号
里米尼旅游局地址和网址
PIAZZA MALATESTA,28
http//:www.provincia.rimini.it

人，总数达几百万人。

旅游兴盛溯源

里米尼的旅游业规模大、发展快、效果好，其因有三：一是充分调动了当地人从业的积极性。在旅店、餐馆和旅游景点服务的人，特别在小旅馆、小饭铺工作的人，都是从外行到内行，一步一步成长起来的。20世纪五六十年代，里米尼的旅游业进入发展时期，不少个体户办起了小旅店和小餐馆。第二，地方政府采取有效措施，扶持旅游业的发展。市政府投资修建马路、机场、火车站、码头，治理海滩环境，创办旅游学校培训专业人员，并设立了许多新景点。第三，解决旅游业淡季不淡的问题。市政府新建造了会议中心、博览会大楼、体育比赛场馆和音乐厅，利用冬季召开各种会议、举办国际展览、体育比赛和音乐会等活动。

海滨旅游胜地里米尼

水上城市 —— 威尼斯

贡多拉是威尼斯水巷中最便捷的交通工具

今天我们到威尼斯参观。走进威尼斯之前，我向你作一简介：威尼斯古城已有1500多年历史，是世界上最著名的旅游城市。它不凡的历史、灿烂的文化和独特的水城风光堪称世界一绝。

威尼斯风情

在公元452年战乱期间，附近村民被迫从陆地迁往湖中小岛避难，最初集居在里亚尔托一带。勤劳智慧的威尼斯人开始在那里艰苦创业，他们从别处运来木材，制成木桩，以加固小岛周围海滩上的地基，他们开凿运河，建造码头，修桥造船，修建房屋和教堂。15世纪，威尼斯已成为意大利最富裕、最强大的海上共和国。由于历史原因，威尼斯后来逐渐衰弱，1797年被奥匈帝国统治。威尼斯光荣曲折而不平凡的历史、美丽如画的风光和400多处历史名胜对游客具有无穷的魅力。

如何参观这座水城？你只须记住我讲的最具特色的三个字——岛、桥、船。

威尼斯的特色之一——岛屿多

威尼斯四周被海水所环绕，它由118个小岛组成。说它是水城，因为此城建在水上，河道就是街道。在这儿居住的每户人家，他们的大门都是朝向河水开的，就像普通城市的住家面向街道一样。这里见不到一辆汽车，交通工具只是各类船只。为保证安全，河道上设有交通警，船只按交通规则行驶。小河道只能走小船，仅能单向行驶。大河道可过往大一些的船只，且可双向行驶。威尼斯市中心由一些大大小小的桥梁连成一片，此外，还有一些相距稍远而未被连接的岛屿，如穆拉诺(Murano)、布拉诺(Burano)、托切洛(Torcello)、圣乔治(S.Giorgio)、犹太岛(Giudecca)、圣米凯莱(S.Michele)、利多(Lido)等。这些小岛各具特色。如穆拉诺是艺术玻璃制造中心，当地有料器厂和料器博物馆。布拉诺是花边制作中心，托切洛素称镶嵌画之乡，圣乔治岛有古老的圣乔治教堂，在位于大运河入口处的拉沙卢特(La Salute)建有圣玛利亚教堂和古海关。

威尼斯的特色之二——桥梁多

为数众多的桥梁是威尼斯的又一特色。这里所建造的桥梁风格各异，千姿百态，种类很多。按规模来说，有大有小、有高有矮、有长有短；按形状来说，有多孔的，也有单孔的。有一字形的，也有梯形的。拱形桥较多。还有人字形、半月形、椭圆形的。按构建材料来说有石桥、钢筋水泥桥、铁板桥、木制桥等。

桥多为威尼斯一大特色

小河道只能走小船，且是单向行驶

水都威尼斯

最著名的桥有：连接大陆梅斯特雷（Mestre）与主岛罗马广场的公路桥，还有与之并行的铁路桥以及以商业著称的里亚托桥和人人皆知的叹息桥。这400多座桥梁为城市交通发挥着重要作用，他们把1500多条弯弯曲曲的河道连成一片，使你从这条河走到对面的那条河，又从那条河走到邻近的另一条河。

威尼斯独有的贡多拉

威尼斯的特色之三——船只多

各式各样的船只是威尼斯的另一特色。当地人以船代车，船是他们唯一的交通工具。船的种类很多，有公共汽船、出租计程船（船上标有TAXI字样）、半月形小船贡多拉、警察巡逻船、交通指挥船、海关船、救护船、殡仪船、垃圾船、渔船、游船、货船、商船、领航船、赛船等等。这些船南来北往，在大运河各个河道上穿梭，呈现出一片繁忙景象。

威尼斯最热闹、最繁华的地方——圣马可广场

我们现在乘坐旅游车，路经连接大陆与主岛的公路桥，到达罗马广场后，再在码头乘公共汽船就可抵达圣马可广场。此广场是世界各国游客必到之处，它是威尼斯的中心，是当地最繁华、最热闹的地方。拿破仑曾把圣马可广场称为世界上最美丽的广场，把威尼斯称作"奇城"。圣马可广场周围有许多著名的建筑。当我们从码头下船步入广场时，首先见到两个大圆柱，顶上均有雕像，一个是飞狮，它是威尼斯的城徽，也是该城市的象征；另一个是圣狄奥多尔，它是威尼斯的保护神。我们再放眼往前看，一边是建筑新颖的公爵府（又称杜纪宫），另一边是图书馆大楼。当你继续向北漫步，走不多远，就到达了广场中心。广场东边是闻名于世的圣

威尼斯圣马可大教堂

游客很乐意与圣马可广场的鸽子合影

马可教堂，西边是费尼切剧院等宏伟建筑群。在离教堂正门不远之处，还有两座著名建筑物，一是威尼斯最高的大钟塔，你可乘电梯上到塔顶俯瞰全城，就像你登上上海浦东金茂大厦观看大上海时的感觉一样！另一建筑物名曰巴西尼加钟楼，楼顶有两名身着古装的摩尔人铜像，如真人一般，两人手中各持棒槌，每隔一小时敲一次钟，给人们报时，为游人增添了不少情趣。

Tips

威尼斯圣马可广场

乘汽车、火车可达。乘飞机可抵马可·波罗机场。乘汽车从MESTRI到P. ZA ROMA，然后乘船到 P. ZA S. MARCO P. ZA SAN MARCO, VENEZIA

圣马可广场是市中心，是该市最繁华的地方，周围有许多名胜古迹可参观。

威尼斯公爵府和圣马可广场教堂钟楼

马可·波罗的故乡

圣马可大教堂与总督官毗邻

故宅难寻

1295年冬，身着鞑靼式长袍、脚蹬高腰皮靴的三位男士在威尼斯码头下了船，匆匆来到里亚托桥附近一座三层楼建筑的门前停下，他们用力叩门，不仅无人理睬，反而引来鸡飞狗吠。他们三人怀疑是否错敲他们。因为他们阔别故乡已达25年之久，这么多年发生的变迁，使威尼斯的面目已改，里亚托桥一带的变化也实在太大了！但他们认出门上雕刻的三只小鸟，这是波罗家的标志，便继续叩门，迟迟不肯离去。路经此地的一群人好奇地驻足观望，门前已闹得沸沸扬扬，这时，波罗家族的守门人马西拉从门缝里往外窥视，仍不

开门。他们三人觉察宅中有人，便机灵地撕开身披的长袍，当他们露出无数翡翠、钻石和珠宝的时候，这三个长期远走他乡的陌生人才被相认，最终得以

圣马可大教堂矗立于威尼斯市中心的圣马可广场上。它曾是中世纪欧洲最大的教堂，是威尼斯建筑艺术的经典之作

进门。他们三人就是此房屋的主人、从中国归来的马可·波罗和他的父亲尼柯罗、叔叔马菲奥。

因祸得福

历史上，威尼斯和热那亚都在地中海拥有很大的商船队，海上贸易竞争激烈。为了争夺海上霸权，1298年，热那亚决定派遣强大的舰队入侵亚得里亚海，向威尼斯报仇雪恨。热那亚拥有军舰78艘，威尼斯方，安德烈提督率领由75艘军舰组成的舰队迎战。马可·波罗在安德烈舰队中的一艘大帆船上担任参谋长职位。这艘帆船原为他们氏族的商船，因战事急需，临时改作战船，船上共有250名武装人员。战斗开始，因热那亚方有16艘舰只失踪，战局对威尼斯方十分有利。天有不测风云，正当太阳快要西斜时，失踪的16艘舰艇急驰而来，这一下造成了威尼斯人的大败，安德烈舰队有7000余人被俘。马可·波罗也不幸成了俘虏，被押回热那亚监禁。在牢中，马可结识了一位名叫鲁斯蒂恰诺的比萨人，他曾写过小说，是一名作家，10多年前被捕关押在此，现在他与马可同牢。比萨人与马可闲聊，要求马可讲述到东方旅行的奇妙故事。从此，马可一天天对这位"作家"一点一滴地叙述他的东方之旅。比萨人表示，不要让这些惊险的故事被埋没，应该流传下去。半年后，鲁斯蒂恰诺根据马可口述的故事，笔录成《东方见闻录》一书，又称《寰宇记》、《马可百万》、《马可·波罗游记》等等。这一巨著的完成真称得上是一种历史性的巧合。如果没有热那亚和威尼斯之战，如果马可没有成为俘虏、没有被关进热那亚的监狱、没有碰到同牢的犯人"作家"鲁斯蒂恰诺，也就不可能出现《马可·波罗游记》这本书，世人也就永远听不到马可所述东方之旅的故事。马可因战争的不幸，过了几个月的监禁生活，但这一横祸却换来了一部不朽名著的诞生，并在历史上产生了很大影响，这不是因祸得福又是什么？

联结东西方的纽带

《马可·波罗游记》的出版，极大地丰富了欧洲人的地理知识和对东方人的认识与理解。他们认为，无论东方人和西方人在风俗和相貌上有多么明显的差异，他们都有相同的理智和情感，东西方人可以友好相处。哥伦布正是在《马可·波罗游记》的推动和鼓舞下，进行海上探险，发现美洲新大陆。马可·波罗是中意友好的使者。是他，在两国人民之间架起了友谊的

看点 See the world with a diplomat！　　杜纪宫是公元814年修建的一座拜占庭式的建筑。

98

we all live on the same planet

威尼斯圣马可广场游行乐队的鼓手　　　　威尼斯圣马可广场游行乐队的圆号手

桥梁。正如康有为赞扬《马可·波罗游记》所说，"著书言中国事以通西欧者，自马可始"。康氏还认为，"中西交通，实皆威尼斯人开之"。

拜占庭式的公爵府 —— 杜纪宫

公元697年，威尼托南部拉文纳之王向威尼斯扩张，派驻该岛的代表号称杜纪，所以人们习惯把威尼斯的公爵府叫做杜纪宫。杜纪宫是公元814年修建的一座拜占庭式的建筑，耗资巨大，十分奢华，是当时威尼斯权势和富裕的象征。现在我们所见到的王宫是15—17世纪改建的哥特式建筑。正面下方整齐排列着

杜纪宫为哥特式建筑

36根拱形圆柱,其上是庭廊,由71根圆柱构成,圆柱上下均有精致的雕刻,造型十分优美。这座三层楼的王宫很值得一看,宫内有许多房间和大厅。一楼有法官厅,天花板及四壁有"战神与海神"、"信仰"、"忠实"等不少名画及名雕。二楼有总督府官员的办公室。三楼有大议会厅。此外,宫内还设有参议院厅,供接待用的四门厅、投票厅、军械库等。

杜纪宫
PALAZZO DUCALE
P. ZA SAN MARCO, VENEZIA
圣马可广场

杜纪宫的圆柱,上下均有精致的雕刻

产品精美绝伦的料器厂

穆拉诺是威尼斯内海中有名的岛屿,这是因为该岛自古以来就是威尼斯的玻璃工业中心,已有700多年的历史。过去我曾有幸参观过岛上料器厂的生产车间,工人们在火炉旁操作着,一位大汗淋漓的青工手持一端带有小钩的长杆,勾住磁料后迅速将它送至火炉中,这时炉中温度高达千度,原料片刻便融化了,工匠迅即取出并置之于铁墩上,两手忙个不停,一只手用钳子夹住磁料,另一只手用工具拉制造型,数分钟后一尊巨马就成型了。看来,真有点像中国的艺人在吹制糖人呢!看完制作工艺,我们一同来到穆拉诺料器博物馆。在这儿我们可以看到各厂生产的所有产品:大小彩色水晶吊灯、立式台灯、镜子、果盘、各式花瓶、玻璃碗、酒杯、水杯;各种摆设艺术品和装饰品如奔马、牛、羊、天鹅、飞燕等;各类花卉;各种人物造型如歌唱及舞蹈演员、古代帝王、宗教人士等;戒指、项链、耳环等饰物。这些陈列品琳琅满目,令人眼花缭乱。当地产品质量可靠,造

坐船沿大运河漫游

型优美。他们的技术具有独特之处，在着色技术、碎花技术、镶嵌技术等方面均有生产专利。因此，这些产品颇受顾客欢迎，出口到世界各地。

Tips

穆拉诺料器博物馆
MUSEO VETRARIO MURANO, VENEZIA

Fdm. S. GIOVANNI DEI BATTUTI, 4/d 圣·乔瓦尼·德。巴都蒂大街4号d. 5 电话: 041—736755

威尼斯玻璃工场

Tips

威尼斯之旅

旅游行程：

上午先去穆拉诺(Murano)的玻璃工厂。这座工厂生产的各种玻璃制品闻名世界，是威尼斯古老的玻璃产业的代表。之后可来到海洋历史博物馆（Museo Storico Navale），这里收藏有威尼斯共和国时代的船只及意大利海军的许多文物，是一座可以充分了解海洋城市威尼斯历史的博物馆，参观约1个小时30分钟。然后乘水上巴士到总督府（Plazzo Ducale），总督府和威尼

餐饮

威尼斯的小餐馆介于酒吧和餐馆之间，在那里可以品尝到酒吧小吃，通常配小杯的葡萄酒。有的小酒馆提供正餐。其他吃喝的好去处还有坎纳雷乔区和圣马可区后街，像Ristorante la Bitta都是非常不错的选择。

威尼斯菜肴最大的特点就是将海鲜和陆地菜绝妙地协调起来。另外作为美味的葡萄酒的产地，那里的红白葡萄酒都非常有名，千万不要错过。威尼斯是品尝鱼虾风味菜的绝佳地。特色菜主要有：被当地人称为"安提帕斯托"的扇贝螃蟹沙拉、海鲜和帕达拿平原大米合制的杰作意式茄汁烩肉饭（Risottonero）。此外，醋渍沙丁鱼、西红柿填馅、蛤仔意大利面都很有名，需要特别提醒的是，吃海鲜的时候最好选择白葡萄酒哦。

斯监狱之间的桥梁，就是著名的叹息桥(Ponte dei Sospiri)。从叹息桥步行就能到达威尼斯的地标：圣马可大教堂(Basilica di San Marco)。教堂前的圣马可广场(Piazza San Marco)被拿破仑称为"世界上最美的广场"，在广场边优雅的餐厅坐下来吃顿午餐，再逛逛周围的精品店，威尼斯的面具、花边在这里都能找到。

下午乘坐贡多拉顺着大运河漫游，可看到位于大运河中央的雷雅托桥，之后可游览黄金宫（Galleria Franchetti），它是威尼斯城最杰出的哥特式建筑，始建于1440年。接着还会路过犹太区。

住宿

建于14世纪的Ca'Favretto有各种类型的客房，是比较好的能眺望大运河的房间，天花板很高。该酒店的楼梯口有古老的石头门，感觉十分奇妙，游客可以在阳台上找张桌子，边吃早餐边欣赏运河美景。

价格：单人每晚200欧元，双人360欧元
地址：Calle della Roda Santa Croce 2232

威尼斯购物区集中在圣马可广场周围。

水城码头夜色

威尼斯玻璃制品中的红色和蓝色的葡萄酒杯，是一般人都要购买的礼品。

Tips

威尼斯购物攻略

推荐购物场所: 圣马可广场周围

威尼斯购物区集中在圣马可广场周围。从圣马可广场西侧出去马上就到了桑莫依哲街，其周围有米索尼、卡地亚、芬迪、瓦伦蒂诺、维尔萨奇、库里茨亚等专卖店。从里亚托尔桥穿过圣波罗广场通往威尼斯大学的街道上，工艺礼品比其他地方便宜。

说到威尼斯的工艺品，最受人欢迎的要数威尼斯玻璃制品。红色和蓝色的葡萄酒杯，是一般人都要购买的礼品，再向大家推荐一种用染色花样很纤细的玻璃棒切成图片的工艺品。可以加工成挂饰，让威尼斯的回忆永远在胸中荡漾。

此外，威尼斯的花边是花边工艺历史上最灿烂，最富趣闻的。纸制品、书信用品和手帕也体现威尼斯的个性。在狂欢节上使用的假面面具，作为威尼斯的工艺品也很有特色。被称作巴乌塔的传统面具很素雅，传统的假面即兴剧的假面则很有意思。

4

We all live on the same planet

振奋人心的工业三角洲
米兰、热那亚和都灵

意大利的经济中心 —— 米兰

"经济首都"

米兰是意大利的第二大城市,是全国工业、商业、金融中心,是重要的交通枢纽,素有意大利"经济首都"之称。米兰周围约有30个卫星城。米兰、都灵、热那亚三个城市形成了意经济最发达的工业三角洲,三市的工业产值占了全国工业总产值的一半以上。

米兰的重要工业有冶金、钢铁、石化、机械、汽车、飞机制造、电子、电机、电器、铁路器材、橡胶、制药等,轻工业有纺织、服装、食品、家具等。著名的大公司有蒙特爱迪生石化公司、皮雷利橡胶公司、"阿里斯顿"电器公司等。米兰的时装、皮革制品畅销各地,是继巴黎、纽约之后的著名时装之都。米兰的中小企业也很发达,它们对经济的发展发挥

米兰的商业很发达

了重要的作用。

米兰的商业很发达，大商场、商店比比皆是。这里的进出口产品很多，还有大量对外贸易公司。为促进贸易发展，每年举办很多专业性的展览会和交易会。每年4月举办的米兰博览会有近90年的历史，会场占地面积达60多万平方米，是世界上最大的综合性国际博览会之一。我国从1974年起开始参展。

米兰是全国重要的金融中心，也是欧洲最大的金融市场之一。这里有很多大银行、金融和保险公司，银行存款约占全国的四分之一。世界各国著名银行在此设立分行或建立业务机构。米兰还有全国最大的股票交易所，持股公司的资金和股票占全国总数额的一小半。

交通发达

米兰的交通十分发达，有通往国内罗马、佛罗伦萨、都灵、热那亚、威尼斯等地以及通往德国、法国、瑞士、奥地利等国的数条高速公路。铁路四通八达，有国际列车通往德、法、瑞士等国，国内列车通往全国各地。市内有三条地铁，分为红、绿、黄三条线，市内还有公共汽车和有轨电车，形成十分方便的交通网。在航空运输方面，米兰有利纳特、马尔喷萨两大机场。通往国内外的航线很多，欧洲各国往来的飞机在利纳特机场起降，欧洲以外地区则在马尔喷萨机场起降。中国国航和意航都有航班往来于北京、米兰。

米兰街头

街头艺人引来路人驻足

米兰不仅是一个现代化的大都市，而且是一个古老文明的城市。它建于公元前4世纪，有2400多年的历史。米兰有很多古迹名胜，最著名的三大景观是杜奥莫大教堂、斯福尔扎古堡和达·芬奇的壁画《最后的晚餐》。此外，还有斯卡拉歌剧院、埃玛努埃莱二世长廊、布雷拉美术馆等都值得观看。

Tips

中国驻米兰总领事馆

地址：VIA BENACO 4, 20139 Milano, Italy

电话：0039—02—5520306

电子邮箱：chinaconsul_mil_i:@mfa. gov.cn

米兰最著名的三大景观之一——杜奥莫大教堂

杜奥莫大教堂既是米兰的象征，又是米兰的中心。大教堂门前有一个大广场，名为杜奥莫广场，广场中央竖立着意大利王国开国君主艾玛努埃莱二世的骑马铜像。广场上有无数的鸽子自由飞翔，有些游人手掌上放着玉米粒，鸽子便飞到他们的手上、肩上、头上觅食，引得游人开心、欢笑、拍照。

奇特的外观

如同浮在空中的尖塔之林

人们一边逗着鸽子玩，一边远望大教堂，仿佛见到浮在空中的尖塔之林。马克·吐温称之为"大理石的诗"，D.H.劳伦斯称其为"刺猬式的大教堂"。整个教堂都由大理石砌成，这些大理石被精雕细刻，雕像遍布壁、柱、墙、门、窗、垛、龛以及塔尖和教堂顶端。这座白色大理石的建筑十分雄伟、典雅，正面上半部为哥特式，下半部为巴洛克式，样式非常奇特，堪称世上一绝。

拖延数百年的工程

大教堂是1386年动工兴建的，修造工程由米兰大主教萨卢佐主持，参与设计的有意大利、法国和德国的许多著名建筑师，建筑图纸仍作为重要文献保存至今。在修建过程中，曾得到维斯孔蒂和斯福尔扎两位公爵的捐助，许多平民百姓也出钱出力。由于教堂工程浩大，加上不断修改、完善，所以工程进展缓慢，整个工程拖延了近5个世纪。1805年大教堂终于竣工。当年，拿破仑宣布兼任意大利国王，他就是在这个教堂里举行加冕仪式的。

寓意深刻的铜门浮雕

大教堂的大门朝西，正面有6座大石柱嵌着5道大铜门。每道大门分成若干方格，每个方格内刻着有关该教堂的历史、神话及圣经故事，并配有各类动物和花鸟鱼虫等图案。第一道门上雕刻着君士坦丁大帝在313年颁布通谕承认基督教的情形，其中有教徒被残害、关押以及通谕颁布后获释的场面，下面则是公元313年6位米兰主教的面容；二道门描述了米兰圣·杨博主教生平；三道门是中间的正门，重37吨，上边刻有圣母生平及基督、摩西的圣书《新约》、《旧约》，正门顶上最高处刻有"圣母诞生"字样，以示此教堂献给圣

杜奥莫大教堂前的广场，熙来攘往

母之意；四道门表现米兰人民抗德侵略最终取胜的情形；五道门则叙述圣卡洛主教的光辉史迹。

十分壮观的顶端

大教堂最高的尖塔达108米，塔

夜幕下的大教堂

顶耸立金光闪闪的圣母玛利亚镀金铜像，像高4.2米，重700多公斤。教堂顶部是整个建筑最美丽、壮观的部分。你走到教堂后侧旁门，见到写有"由此上堂顶"的路标，便可顺着石阶而上，当然也可购票乘电梯上去。到了堂顶，可观赏教堂顶端135个大小尖塔以及3159尊神态各异的人物雕像。你站在高处，还可眺望米兰全市风光。

金碧辉煌的大殿

看完教堂顶部，让我们再欣赏整个内部。进到殿内，首先看到的是八角形洗礼池，来到第二扇窗下，可见一石碑，上面刻有所有米兰大主教的姓名及有关年代。殿内有高达24米的12根石

看点

See the world with a diplomat

we all live on the same planet

米兰杜奥莫大教堂

柱，大殿就是靠它们的力量支撑起来的。殿内的几扇彩色玻璃窗描绘了有关圣母、圣子的传说故事，情节动人，图案色彩鲜艳。大堂内还有圣母、耶稣等800多尊雕像。

堂内供奉着15世纪时米兰大主教的遗体，他的头是银做的，躯体却是真身，最靠里边是精致、美观的大祭台，台中有圣体龛，其四周是一些大小天使。祭台附近有巨大的管风琴，它有180

Tips

米兰杜奥莫大教堂

DUOMO

P. ZA DUOMO, MILANNO

位于米兰杜奥莫广场，在曼佐尼大街(VIA MANZONI)和但丁大街(VIA DANTE)交叉处，乘地铁可达。

个调音器，1.3万个音管，音响效果很好。琴后是唱经楼，楼壁上悬挂着镀金十字架，其中珍藏着一根圣钉，这根铁钉曾经钉穿过耶稣的手足，为了让人们看得更清晰，有聚光灯照射着它。

走出教堂，我们可以顺便参观一下艾玛努埃莱二世长廊。这是一个十字形的建筑。南北长196米，东西宽105米，交叉形成两条商业街。长廊顶部是拱式玻璃罩，光照很好，两旁有许多高级商店。十字形地面用大理石拼砌成各种镶嵌画图案。这里是文人墨客和政治家们最喜欢的地方，大家称之为"米兰沙龙"。这是意大利，也是全欧洲最漂亮的长廊。世界各地许多城市纷纷仿效这种建筑风格，中国天津食品一条街的厅廊与之有相似之处。

米兰最著名的三大景观之二 —— 斯福尔扎古堡

斯福尔扎古堡是米兰重要的历史建筑。古堡由米兰维斯孔蒂家族于1368年兴建，后遭破坏，1450年，由斯福尔扎子爵重建。历史上，建造这样的城堡既可显示大家族的崇高统治地位，又可加强保卫，防止外族入侵，真是一举两得。

古色古香的雄伟建筑

米兰是一个现代化的发达都市，又是一个富有古代文明充满文化气息的城市，古老的雕塑、绘画、建筑到处可

斯福尔扎古堡

见，古堡就是一个很好的见证。当年为了修建这一城堡，集中了全国许多优秀的建筑师、雕刻家和画家，达·芬奇也参与过工程设计。古堡四周有高大的围墙和很深的护城河。正门是高耸的尖塔。对称的两翼，分别修建了一座圆柱形塔式瞭望台。古堡结构严密，由于有很宽很深的护城河，谁也无法接近四周的高墙，且墙上连一点点小的缝隙也没有，偌大的城堡只有正门和后门两座门，很便于防守，真使人有"一夫当关，万夫莫开"之感。古堡周围都是树林、鲜花和草坪，环境十分优美。古堡内分为若干个方形庭院。出了古堡后门，便是市中心最美的圣比奥内公园，与公园遥相对应的是和平门。

欣赏达·芬奇和 米开朗琪罗的杰作

古堡内有市立博物馆、绘画馆、埃及考古博物馆和图书馆等。古堡"阿赛"大厅中有达·芬奇于1498年创作的一幅顶棚上的壁画，描绘田园风光和大自然的景色，此厅用于举行重大庆典仪式和宴会。博物馆内陈列有古代兵器、雕刻、瓷器、铜器、家具和乐器等。博物馆内有一大厅还展出了米开朗琪罗的著名雕刻《未完成的作品》，这是他在临死前4天开始创作的，即1564年，当时他已89岁。雕像生动刻画了圣母玛利亚悲痛地用

双手托着濒临死亡的耶稣的场景。古堡图书馆藏书颇丰,有各类图书4万册,手稿1500份。

如有兴趣,可顺路看看米兰的和平门。此建筑离圣比奥内公园较近,从古堡后门穿过公园可达。和平门类似巴黎的凯旋门。和平门建于1807年,原来也称为凯旋门,以纪念拿破仑远征获胜。但工程尚未竣工,拿破仑大败于滑铁卢,后被流放到大西洋的圣赫勒拿岛。尔后,米兰

人民继续兴建这座门,1838年完工并改称为和平门。门的顶部有6匹铜马,拉着一辆古代战车,造型很生动。

米兰最著名的三大景观之三
—— 达·芬奇的壁画《最后的晚餐》

达·芬奇雕像

达·芬奇的不朽名画《最后的晚餐》,驰名世界。凡是到米兰的游人,都会慕名去圣玛利亚修道院欣赏这幅杰作。

达·芬奇其人

作者达·芬奇是文艺复兴时期著名的艺术大师,他出生在佛罗伦萨,但在米兰生活并从事创作达20年之久,米兰有他的故居,这里是他的第二故乡。在市中心斯卡拉广场上耸立着他高大的雕像。《最后的晚餐》创作于1495—1498年。当年,米兰卢多维科公爵邀请达·芬奇作画装饰修道院,达·芬奇应许后,不停地思索,食宿不安,费尽心血琢磨如何表现画中人物。他苦思冥想,有时跑到街头欲寻找适合画中人的面孔,时过多月,他仍一笔未画……修道院的人和公爵都十分着

达·芬奇名作《最后的晚餐》

急，担心速度缓慢而贻误了工期，甚至指责达·芬奇消极怠工。达·芬奇耐心解释说："艺术家最重要的工作在于构思，而不在于动作。"这些门外汉对他的话半信半疑。直到创作完成后，公爵和圣徒们才大加赞赏，十分满意。

不朽之作

壁画绘制在圣玛利亚修道院餐厅北面的墙壁上。这幅画取材于《新约全书·马太福音》，主要内容是描写在逾越节晚上，耶稣与十二门徒共进晚餐的情景。这次晚餐后，耶稣因为被犹大出卖而被捕，这是圣主与圣徒最后一次在一起用餐，故称"最后的晚餐"。画中，耶稣位于正中，左右各有6名圣徒，共13人。从左至右，画面中的人物依次是：巴多罗米欧、小雅各、安德列、老彼得、犹大、

约翰、耶稣、多马、老雅各、腓力、马太、达太、西门。此画构图方式新颖，画面层次清晰，餐桌上每人不同的表情、姿态、动作，体现了各人不同的内心世界和典型性格。画家运用透视原理，使参观者仿佛置身于耶稣和门徒用餐的餐厅里，产生了亲临其境的真实感。

抢救壁画

由于此画历时500余年，时间久远，加之餐厅墙壁受到潮湿空气的影响

Tips
《最后的晚餐》壁画

收藏在米兰圣玛利亚修道院，位于米兰圣·玛利亚·戴莱·格拉齐广场，在修道院正门北边有个餐厅（REFETTORIO），门前有"ULTIMA CENA"字样，这就是你的参观地点。

和虫类的侵蚀,色彩发生变化,画面有些脱落。几百年来,意大利科学、艺术界专家学者不断修复、抢救这幅名画。此画已进行过10余次大的修复。前两次由于缺乏经验,方法不当,致使原作受到歪曲。这给后来的工作带来不少困难。专家们要通过高倍放大镜,在墙壁薄薄的一层涂料里一个部位一个部位地一点点清除前两次加上的覆盖物,恢复原作本色,然后再补绘脱落之处。联合国教科文组织和意大利政府对这一重要历史文物十分重视,1981年,双方决定共同拨款120万美元用于修复工作,从1981—1995年,经过14年的紧张工作,才修复了此画的三分之二,可见修复工作难度之大。

世界上音响效果最好的剧场 —— 斯卡拉歌剧院

斯卡拉歌剧院在米兰市中心,与米兰大教堂相距咫尺,是意大利最大的歌剧院,音响效果极佳,是世界公认的歌剧圣地。

从教堂到歌剧院

斯卡拉歌剧院建于1778年,至今已有230年的历史。它来历不凡,最初这里是一座教堂,后来才在原址上修建了剧院。在公元14世纪中叶,当时维罗纳君主马斯蒂诺·斯卡拉有一个伶俐、漂亮的女儿,名为贝亚特丽切·德拉·斯卡拉公主。这位妙龄女郎嫁给了米兰君主贝尔纳多·维斯孔蒂。维罗纳与米兰结为连理。1381年,公主斯卡拉用巨款在米兰修

斯卡拉歌剧院

建了一座教堂,并以其家族的姓氏斯卡拉为教堂命名。1776年,米兰最大的一家演出场馆——大公爵剧院不幸发生火灾,一场大火将剧院化为灰烬。当时统治米兰的奥地利女皇特蕾西亚决定在斯卡拉教堂遗址上兴建一座剧院。剧院由著名建筑师朱塞佩·皮埃马利尼设计,斯卡拉教堂被拆除,并在教堂的地基上重新盖起了三层楼的建筑物。经过一年多的时间,1778年8月3日完工。剧院仍沿用教堂之名,称斯卡拉歌剧院。

斯卡拉广场

富丽堂皇的建筑

斯卡拉歌剧院落成后,于1778年8月3日那天举行了首演,演出很成功,音响效果妙得出奇。这座剧院不仅演出效果好,而且内装修十分豪华。场内雕梁画栋,金碧辉煌。剧场正中有大型玻璃吊灯,装有300多只电灯泡,象征一年365天。二楼中间有皇室包厢,嵌金包银,富丽堂皇。舞台和乐池也十分讲究。二战期间,剧院于1943年8月15日夜不幸被炸坏,战后重建,基本保持了原来的风格,仍以红、金、白为主色,座位全为红色,四周金光闪闪,十分华丽。剧院观众席由马蹄形池座、包厢和回廊组成。包厢有六层,加上池座可容纳3600名观众。

歌剧之麦加

斯卡拉是世界歌剧圣地,被称为"歌剧之麦加"。米兰斯卡拉歌剧院的

演出每年分为三个时段:当年12月至次年5月底公演歌剧,6月至11月为音乐会以及芭蕾两个时段。斯卡拉代表了意大利音乐和艺术的传统,只有世界最著名的歌剧演员、最杰出的音乐指挥、最出名的芭蕾舞专家才能到此登台表演。斯卡拉在艺术界有如此崇高的威望是因

Tips

斯卡拉歌剧院
TEATRO ALLA SCALA

P. ZA DELLA SCALA,. 2
MILANO
米兰斯卡拉广场2号

为200多年来,它为世界艺术做出了巨大的贡献。有许多世界著名作曲家的名作均在此演出,如意大利的罗西尼、威尔第、贝里尼、普契尼,德国的瓦格纳,奥地利的莫扎特和法国的比才等。在1823—1826年中,剧院上演了32部罗西尼的作品。威尔第的《阿依达》、《奥赛

去斯卡拉歌剧院看一场演出，也是米兰旅游的一项必修课

罗》等名作在此演出，取得很大成功。
20世纪音乐指挥家托斯卡尼尼在这里
指挥演出了许多歌剧佳作。

斯卡拉广场

这一广场不很大，但小巧玲珑。广

场处于米兰市政府办公大楼和斯卡拉歌剧院之间，广场种有各种花卉，正中高耸着文艺复兴时期大艺术家、科学家达·芬奇的巨大雕像，他手持书本，双眸露出智慧的光芒。雕像底座四边还有达·芬奇的四位得意门生的雕像陪衬。

米兰购物攻略

推荐购物场所：黄金四角区；Dmagazine

在米兰逛街购物，最大好处是市中心的购物点十分集中，米兰购物最有名的是黄金四角区，这个街区是一个由蒙提拿破仑街 (Via Monte Napoleone)、圣安德列街(Via S. Andrea)、史皮卡大道 (Via della Spiga) 和鲍格斯皮索大街(Via Borgospesso)组成的露天购物广场。步行就能逛完，喜好逛街的朋友不必担心自己会错过任何名店。

若是想看别具意大利风格的顶级时尚潮流走向，首先该去大教堂东北高级时装店集中的蒙提拿破仑街。这里是意大利设计大师的智慧结晶，光是大师们自信的裁剪和设计，橱窗设计的出奇制胜就足以让你置身其中流连忘返了。

Gucci、Prada、Versace、Ferragamo、LouisVuitton这些顶级奢侈品商店均能在黄金四角区找到，而且价格便宜。比如Ferragamo的一双鞋要是拿到国内卖，价钱可以翻两三倍。

除了米兰市内必去的黄金四角区，可以淘宝的还有周边的一些outlet，例如，Dmagazine的地理位置对于来米兰旅游的人非常方便，因为就在著名的名牌购物街蒙提拿破仑街26号，靠近蒙提拿破仑地铁站出口的位置。不过找的时候要留意些，店的门面不大，一不小心就错过去了。Miu Miu、Gucci、Dior、D&G、Helmut Lang、Comme de Garcon、Faliero Sarti等等在这里都可以淘得到，最吸引的是价格只有3折起！很多货色都是几个月前刚刚推出的，而且，即使有些是过季的产品，但大牌子的常青款式，一样值得投资。

比萨斜塔造型的美酒

Tips

米兰之旅

旅游线路:

第一天:不可不到的是圆顶大教堂（Duomo），被认为是意大利最杰出的哥特式建筑。从大教堂步行15分钟来到斯福尔扎古堡(Castello Sforzesco)，是一座免费开放的博物馆。中午可以到城堡后面的圣比奥内公园（Parco Sempione）休息，很适合边吃着意大利美味的冰淇淋边感慨不已地散步。

下午可游览维托里奥·艾玛努埃莱二世拱廊(Galleria V.Emanuele)，也是米兰的标志性景观之一。这一带是米兰的商业中心，可充分体会"时尚之都"的

魅力。

第二天:感恩圣母堂因达·芬奇名作《最后的晚餐》而闻名于世，不过一定要记得提前预约。之后可至米兰代表性的绘画馆布雷拉宫美术馆（Pinacoteca di Brera)参观，感受一下北部意大利文艺复兴的艺术气息。

下午从米兰坐车一个多小时就能抵达科莫湖边的Bellagio小镇，在这里拥有一间看得见风景的房间真是十二分幸运，因为每个房间的窗口几乎就是比例完美的画框，将清澈湖面的粼粼波光送到眼前。

圆顶大教堂

开放时间: 7:00—19:00

布雷拉宫美术馆

开放时间: 8:30—19:30　门票:5欧元

斯福尔扎古堡

开放时间: 9:00—17:30

感恩圣母堂

开放时间: 8:15—19:00(必须提前预约)　门票6.5欧元+1.5欧元预约手续费

★大多数教堂、博物馆会在每周一、1月1日、5月1日、12月25日休息。

we all live on the same planet

Tips

交通

短距离购物最好的交通工具还是双腿。米兰的公共交通系统包括地铁和公交车。地铁入口都有醒目的"M"标志,地铁共有三条路线:MM1(红色)、MM2(绿色)、MM3(黄色),车票可与巴士及路面电车共享,1张1欧元,75分钟之内可自由转乘。地铁从6点到24点,黄色的MM3号线经过火车站、蒙提拿破仑街、米兰大教堂等重要景点。从罗马乘火车5小时可达米兰,佛罗伦萨和威尼斯距离米兰仅需4小时车程。

餐饮

意大利美食不容忽视,冰淇淋和披萨是随处都能遇到的美食。当地的浓肉汁菜汤、藏红花粉菜饭、牛腿肉片都是不错的选择,羊乳干酪也是诱人的享受。

住宿

Best Western Hotel Galles酒店坐落于米兰市区最主要的街道之一,享有良好的公交设施。 酒店设有美丽的屋顶露台。 酒店优越的地理位置使客人能方便快速地到达火车站、机场和主要高速公路。只需步行就能到达地铁站和 Duomo 米兰大教堂。客人能方便地前往城市的古城和主要旅游景点。

价格:EUR130.00起

地址:Piazza Lima 2, Stazione Centrale, 20124 Milan

米兰街头

游览一个公园, 了解整个意大利
—— 参观"小意大利公园"

小人国般的小意大利公园

米兰东北方向的"小意大利公园"十分吸引人, 它让人用不到一天的时间就可"周游"整个意大利。这是一所微缩公园, 它将全意大利的主要景点都囊括在一个绿色的花园中, 类似中国深圳的"锦绣中华"、北京的"世界公园"、"老北京微缩景观"公园。不过, 小意大利公园的历史比它们要早一些。

花最少的时间看到最多的景点

入园后, 人们顺着从左至右的方向参观, 先从撒丁岛开始, 然后光顾中、北部等地区。人们可见到意大利的山、河、湖、海, 各大城市, 重要港口和主要建筑物, 如引人注目的罗马斗兽场、梵蒂冈圣彼得大教堂、米兰大教堂、古堡、斯卡拉歌剧院、比萨斜塔、佛罗伦萨老宫等等。

儿童的乐园

小朋友和学生们最喜欢来这里游玩。一方面他们可以感受大自然, 尽情欢乐, 另一方面又可寓学习、探索于游乐之中。这个公园对于学龄儿童来说真是一部生动有趣的地理和历史教科书。在游园时, 他们可以与梵蒂冈圣彼得大教堂比比高低, 可以站在维罗纳古露天剧场"阿雷拉"的顶端, 可以拥抱比萨斜塔, 也可以轻而易举地坐在阿尔卑斯山勃朗峰的山巅之上……对于成年人, 特别是对外国游客来说, 通过一次游览, 意大利的地理环境和美丽的风

Tips
如何前往小意大利公园?

交通: 从米兰去这所公园, 驱车约需半小时。汽车可上4号高速公路, 当公路右侧出现"MINITALIA"字样时, 目的地就快到了。

位置: 小意大利公园 MINITALIA CAPRIATE S·GERVASIO(BG)VIA VITTORIO VENETO, 36/B

在贝尔加莫卡普利亚特镇维多利奥·威尼托大街36号B。

开放时间: 每日9:00-12:30
　　　　　　　 13:30-22.30

电　话: 02-9091341

微缩景观几可乱真　　　　　　　　这里的斜塔没你高

貌就会在心里留下深刻的印象。

了一些辅助性的服务设施，以满足客人的需要。大门两侧均有大型停车场，露天剧场可放电影、演出各种文艺节目，儿童游乐场有小火车、游船、滑梯和秋千，还有餐厅及旅游商店等。

良好的服务设施

为了使游人舒适、满意，公园修建

意大利的梁山伯与祝英台——罗密欧与朱丽叶

朱丽叶之墓

如出一辙的民间故事

在中国有一个脍炙人口的优秀民间传说，即《梁山伯与祝英台》；在意大利也有一个广为流传的动人故事，即《罗密欧与朱丽叶》，这两部感人的悲剧都是描写青年男女的爱情，并无情地揭露和鞭笞了封建婚姻制度的罪恶与残酷。根据故事的情节和内容梗概，我们可以这样说：意大利的梁山伯就是"罗密欧"，意大利的祝英台就是"朱丽叶"。虽然一个故事发生在东方，另一个故事发生在西方，相距万里，但它们的反封建意识相同，它们提倡婚姻自由的思想相似，两个故事都有很高的艺术

124

we all live on the same planet

性，都是地方上的传说（一个在中国浙江，一个在意大利维罗纳）。在结尾时，都具有浪漫色彩。两个故事如出一辙。

罗密欧、朱丽叶两故居

朱丽叶的故居位于维罗纳埃尔巴广场附近，在卡佩洛街27号。这幢房舍建于12世纪，保存完好。英国伟大的剧作家莎士比亚创作的著名戏剧《罗密欧与朱丽叶》的爱情故事，就发生在这里。故居门口墙壁上挂有"卡普莱蒂之家"的标牌。卡普莱蒂是朱丽叶的姓氏。游人穿过门廊就进入院内了，迎面墙上有一个小阳台，这就是莎士比亚剧中描写的朱丽叶向罗密欧表达爱意的地方，他们在阳台秘密幽会。院中种有一些花草树木，窗下有一尊身材苗条、面目清秀的女子铜像，数以万计的游

朱丽叶故居的阳台

人双手情不自禁地抚摸过这一铜像，被摸过的部位闪闪发亮。人们若上二楼，还可看看朱丽叶的闺房。罗密欧的故居离朱丽叶家并不太远，位于斯卡利杰雷街4号，门口也有意文标志"蒙泰基之家"字样。此房屋长久失修，多处破损。为纪念戏剧作家莎士比亚，门上还写了莎士比亚的全名及生卒年月。另一处值得参观的地方是朱丽叶之墓。它离市中心不远，靠近阿莱亚尔迪桥一带。这儿临河靠山，风景优美。墓地就在这里的一所修道院里。修道院临近马路，路边标牌上写有"朱丽叶墓地"几个大字。院内有不少楼房，游客可顺着门廊进入展厅。展厅有上下两层，展出油画、壁画、工艺品及罗、朱二人雕像。二层有一豪华大厅，这里曾经是罗、朱二人秘密举行结婚仪式的地方，主婚人当然是修道院那位有名的神父。现在不少青年男女也到这里来举

Tips

朱丽叶罗密欧相关景点资讯

朱丽叶故居

在P. ZA DELLE ERBE附近 LA CASA DI GIULIETTA VIA CAPPELLO, 27 VERONA

维罗纳卡佩洛街27号

朱丽叶墓地

在阿莱亚尔迪桥附近的一所修道院里 TOMBA DI GIULIETTA

罗密欧故居

离朱丽叶故居不远，在斯卡利杰雷街4号 LA CASA DI ROMEO

办婚庆活动。看完各展厅，可到楼下地下室参观朱丽叶之墓，她的石棺就放在这儿，不过石棺空而无盖，瞥一眼就算尽心了。

维罗纳是座古城，也是名城。这里除了是《罗密欧与朱丽叶》的故事发生地之外，还有不少名胜古迹。维罗纳最有代表性的建筑是古罗马"阿雷纳"露天剧场，共有2万多个座位，建于公元1世纪，它是现存的第三大古罗马建筑。现在，这一露天剧场经常用来举办各种商品交易会，几乎每年夏季都在这里演出歌剧和音乐会，其中演出《阿依达》的场次最多。

北部美丽的湖区风光 —— 马乔列湖区

人称意大利是"欧洲花园"。那么，北部意大利就可称为"园中之园"了。长期以来，阿尔卑斯山麓湖区一直是个浪漫的旅游、度假区，特别是马乔列湖区，它对游人有着特殊的吸引力。

意北部主要有三大湖泊

在北部山麓地带有一些富有诗情画意的湖泊，如加尔达湖、马乔列湖、科莫湖、卢加诺湖、瓦雷泽湖、伊西奥湖、伊德罗湖以及奥尔塔湖等，所谓三大湖泊是指加尔达湖、马乔列湖和科莫湖。

马乔列湖最美

今天我们游览的是北部的第二大湖马乔列湖。湖东是伦巴第区，湖西是皮埃蒙特区，北端伸入瑞士境内。这里气候温和，鸟语花香，一派南国风光。湖畔长满地中海植物，还有一些罕见的外来花草树木。风景优美，空气纯净。沿湖东西两边有安杰拉、阿罗纳等20多个小城镇，这些毗邻的乡镇依山傍水，镇与镇之间既有陆上的公路相连，又有水上的渡船相通。这一带花园别墅众多，大多数的房屋有小巧的门廊和敞廊，花园四周有长绿的冬青树，园内种有果树和花卉。马乔列湖如此美丽，要是把它与全国所有的湖泊相比，可以说它是意大利最美的湖泊。

美丽的马乔列湖区

马乔列湖三岛值得一游

马乔列湖中有三个小岛，即美丽岛、母亲岛和渔夫岛，三岛是最值得一游的地方。

美丽岛

此岛的名称来自16世纪博罗梅奥三世伯爵夫人的名字，貌似天仙的夫人名为依萨贝拉·迪·阿达。为了纪念她，伯爵将此岛命名为依萨贝拉岛。后来，人们习惯简称为贝拉岛（贝拉意为美丽）。这座小岛是博罗梅奥家族花费大量金钱和劳力精心建造的，它就像马乔列湖上闪闪发光的一颗最美丽的珍珠。1632年，伯爵在美丽岛上修建了花园和宫殿。这座花园小巧玲珑，既像植物园，又像露天雕塑博物馆。花园中最引人注目的是共有10级的家族纪念台，每级都有雕刻、喷泉和花草树木。最上一级最精致，大理石雕塑群造型优美。花园中的纪念台是博罗梅奥家族的象征。漫游花园后，可参观博罗梅奥宫，内有大殿、会议厅、绘画厅、拿破仑大厅、迎客厅、壁毯展厅和地下宫。1797年，拿破仑及夫人在60余人陪同下来过这里，他会见各界人士的大厅名为拿破仑大厅。1935年，墨索里尼到过这里的会议厅。地下宫以海蓝色为主调，四壁配以礁石和各种贝类，各厅都展示了许多珍贵的艺术品。

Tips

马乔列湖区

从米兰乘汽车到斯特莱萨（STRESA），再乘船观光LAGO MAGGIORE

美丽岛(ISOLA BELLA)

岛上可购票参观博罗梅奥宫（PALAZZO BORROMaEO）

母亲岛(ISOLA MADRE)

渔夫岛(ISOLA DEI PESCATORI)

渔夫岛

美丽岛上的博罗梅奥宫

母亲岛

这个岛屿在三个岛中面积最大，岛上的建筑物却很少，仅有18世纪修建

的一所宫殿和一些植物园，奇花异草遍布各园。园中有高大的椰树、热带花木和稀有植物，主要花卉有杜鹃、玉兰、山茶、百合、月季、扶桑、睡莲和夹竹桃等。园内喂养了许多鹦鹉、雉鸡和孔雀。一些白孔雀在草坪和花丛中无忧无虑地自由漫步，为小岛带来了轻松、恬静的色彩。

渔夫岛

它不像美丽岛那样婆娑多姿，而像渔夫那样朴实无华。如果说美丽岛是富有的象征，那渔夫岛则是平民的化身。在狭长的岛上，有许多陈旧的房屋，这是渔民在那个时代最典型的住宅。这里还有一座1400多年前修建的

具有诗情画意的湖泊

教堂。岛屿周围停泊着各类大小船只，有现代汽艇，也有一些老式渔船。这种带有拱形棚顶的小木船是当时渔民朝夕与共的伙伴。现在，游客们仍可见到晾晒鱼干用的木架，还有搭放鱼网的支架及其他各种鱼具。

著名的小提琴制作之乡 —— 克雷莫纳

在距米兰东南方向80公里处,有一座8万人的小城,它就是以制作小提琴而闻名于世的克雷莫纳。

美丽的小城

克雷莫纳是公元前218年由罗马人在波河岸边所建造的一座小城,后属米兰管辖。15世纪时,这里便成为南北交通的要冲,是波河航运的枢纽。现在,这里仍然保留着浓浓的中世纪的韵味。城里有几处古建筑:有高达112米的钟楼托拉佐,它算是全国最高的钟楼;还有哥特式的大教堂、洗礼堂和市政厅,市政广场是意大利最美的广场之一。小城富有音乐传统,文化气息十分浓厚。1567年,歌剧创始人之一蒙特威尔第诞生在此地,他是把小提琴用在歌剧管弦乐队中的第一人,他所创作的弥撒乐和情歌非常优美、平和。当地人民为了怀念他,将这里唯一的一所音乐学院命名为蒙特威尔第音乐学院。

著名的小提琴制作之乡

从公元15世纪开始,克城就逐渐发展成为闻名世界的小提琴制作中心,当地居民以制作小提琴为生。据说,最初的小提琴是综合了雷贝克、利拉和维奥尔三种古琴的特点而发展起来的,人们公认克城是小提琴的诞生地之一。

小城是乐器之乡,热爱音乐和乐器已蔚然成风,人们最大的愿望就是当一名小提琴制作专家。从古至今,这里不断产生杰出的制琴师。最杰出的制琴师有三位:一是历史上第一把现代式样小提琴的创始人安德里亚·阿马蒂,他制作的琴板弧度较高,四周很薄,易振动,音质美。二是他的孙子尼科洛·阿马蒂,制作技术更加完善。三是最伟大的制作大师安东尼奥·斯特拉迪瓦利,他是尼科洛的徒弟。不到20岁,他就得到了尼科洛的秘方,后来又进行了创新,把制造工艺推向了顶峰。他在公元1700—1737年间,制作了一些著名品牌的小提琴,如"克雷莫纳"、"皇帝"、"提香"、

克雷莫纳大教堂正面

看点 斯特拉迪瓦利一生制琴1200多把。

See the world with a diplomat

we all live on the same planet

"天鹅"等，它们具有音色圆润、丰厚的特点，琴声优美动听，独树一帜。"天鹅"是他在1737年93岁高龄时最后完成的作品。他一生制琴1200多把，流传至今的有500把。在伦敦举办的拍卖会上，斯氏制作的小提琴以150万美元的高价成交。到目前为止，世界各国制琴大师的技术仍未赶上他的水平。为了表示对他的敬仰和怀念，克雷莫纳市中心广场为他修建了纪念碑。

值得观看的博物馆、学校

克雷莫纳很值得一看的地方有：市立博物馆、斯特拉迪瓦利博物馆、市政厅古琴陈列室、提琴制作学校和制琴作坊。在博物馆和陈列室，可看到斯特拉迪瓦利等人的珍品及大师们生前所绘的图纸、使用的工具等。提琴制作学校于1937年创办，创立这所学校是为了纪念斯特拉迪瓦利大师逝世200周年。这所学校已培养出500多名毕业生，其中也有中国人在这里学习、进修。现在，意大利很重视培养制琴专业技术人员，全国约有200多名制琴师，克城占到半数。此外，城里有几十家制琴作坊，可光顾一两家，目睹刨刻云杉、枫木以及制作琴板、调制清漆、晾晒定型的过程，大开眼界。

克雷莫纳大教堂

Tips

克雷莫纳交通及景点资讯

克雷莫纳 CREMONA

　　距米兰80公里，乘汽车或从米兰中央火车站乘火车均可到达。

市政府 PALAZZO COMUNALE

　　市政府地址：PIAZZA DEL COMUNE, 8 市政广场8号

斯特拉迪瓦利博物馆
MUSEO STRADIVARIANO
VIA PALESTRO, 17

市立博物馆
MUSEO CIVICO
VIA V. DATO, 4
文化旅游咨询电话: 0372—407252

we all live on the same planet

人们用两种语言交流的城市 —— 博尔扎诺

意大利北部山区风光

博尔扎诺市是意大利最北边一个省的首府，隶属于特伦蒂诺—上阿迪杰区。该市现有人口10万，地处阳光充足的阿尔卑斯山南坡，邻近通往布伦纳山口的通道。两千多年以来，这里一直是从北面德国到意大利的必经之路。

公元7世纪建造的古城

意大利历史学家考证，在公元前14年，罗马人就驻守在这里，后来逐渐发展为市镇。文字记载表明，博尔扎诺是在公元7世纪建立的。历史上，博尔扎诺是伦巴第人、巴伐利亚人、法兰克人竞相争夺的目标，11世纪成了主教的领地，后由蒂罗尔伯爵统治。它经历了奥地利的长期占领，直到1918年才回归意大利王国。

第一次世界大战后，这里安置了不少退伍军人。现在，居民中三分之二的人讲德语，他们称这个城市为博琴(BOZEN)。城市建筑具有日耳曼风格。著名的古迹有13世纪的古城堡、14世纪的大教堂和18世纪巴洛克式的商业宫。

两种文化交汇之地

博尔扎诺是少数民族地区，1948年意政府批准博尔扎诺实行自治。此地大多数居民操德语，德语和意大利语同为本地官方语言。城市路标以及商店、机关名称均用两种文字标出，市政通告、火车、游船时刻表也印成双语，以方便旅客。当地中小学校同时使用两种语言授课，家长可以让子女在学校任选一种语言听课。博城讲德语的居民也懂一些意大利日常用语，讲意语的居民也会几句德语，他们相处和睦。

经济和旅游

自中世纪以来，博尔扎诺商业就很繁荣。意大利统一后，经济又有新的发展。主要工业有机械制造、化工、木材加工和食品工业。农业方面，盛产葡萄和水果。每年9月举办国际博览会，3—4月为葡萄酒展览会。每年还举办花节、布索尼钢琴节及露天音乐会等文化活动。

博尔扎诺山清水秀，风光旖旎。意大利第二大河流阿迪杰穿流而过。这里有未受污染的森林和新鲜的空气，

Tips

博尔扎诺及古堡交通信息

博尔扎诺 BOLZANO

从特伦托、维罗纳或米兰乘汽车前往较方便。

古堡 CASTELLO RONCOLO

古堡和教堂等名胜古迹均在市中心，位于阿迪杰河畔。

交通、旅馆、餐饮等各项旅游服务都很周全，是滑雪和登山的好去处。由于博尔扎诺的旅游设施良好，接待热情、周到，每年有200多万游客纷至沓来，其中大部分游人来自德国，每年的游客人数是全省人口的6倍。旅游业对当地经济的发展发挥了重要作用。

阿尔卑斯山东北部的幽深山谷——多洛米蒂峡谷

欧洲旅游胜地

多洛米蒂峡谷位于意大利阿尔卑斯山北部东段，在博尔扎诺省境内，这里有许多山峰、冰川和湖泊，是欧洲著名的旅游胜地。发源于雷西亚山涧的意大利第二大河阿迪杰河流经此地，水利资源很丰富。这里以农业为主，种植葡萄和其他果树。养蜂很普遍，所产蜂蜜占全国总产量的五分之一。山坡上青草覆盖，是放牧牛、羊和马匹的好地方。

从博尔扎诺乘汽车前往多洛米蒂，车辆顺着峡谷中的盘山公路行驶，路经

马尔莫拉达峰

许多著名的山口，百余公里后，就能到达旅游和登山的中心——科尔蒂纳·丹佩佐镇。此镇背靠名山——波马加农山，群峰高耸入云，雄伟壮丽。山下小镇海拔

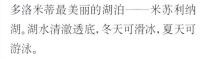
Tips

多洛米蒂峡谷及周边景点资讯

多洛米蒂峡谷 DOLOMITI

　　从BOLZANO乘汽车经盘山公路可达。

科内蒂纳镇 CORTINA

　　城镇后边是POMAGAGNON山

马尔莫拉达峰 MARMOLADA

针状岩峰——托里·德尔·瓦伊奥莱特峰 TORRI DEL VAJOLET

旅游咨询PASSO GARDENA(2137M)

DOLOMITI, ITALIA

电话：0471—75225

高度是1224米，这里鲜花盛开，绿草如茵，十分美丽。镇里有罗马广场及许多建筑物，高高的钟楼是19世纪建造的，大教堂是18世纪的建筑。1956年的冬季奥林匹克运动会就是在这里举办的。滑雪场在海拔2300米的山坡上，离市中心不远，可乘缆车前往。每年到这一带登山的人很多。往镇东北方向10公里，便能见到

多洛米蒂最美丽的湖泊——米苏利纳湖。湖水清澈透底，冬天可滑冰，夏天可游泳。

欧陆山地胜景

　　离开科尔蒂纳·丹佩佐镇后，我们乘车继续朝着最高点马尔莫拉达峰方向行进。沿着盘山公路，你可尽情地欣赏山麓两侧的自然风光，有森林、花草、冰川、湖泊，奇形怪状的山峰等等……山坡下长满了绿草，山坡上有未受污染密密麻麻的森林，有常见的橡树、栗树、海拔较高的地方生长着挪威云杉、白云杉、落叶松、五针松，再往上则是由矮松、桤木及其他刺丛混杂而成的灌木林。这里的森林覆盖面居全国第二位。上山时，碰巧你还能见到野山羊、小羚羊、獐子、赤鹿等动物。你还可以见到一个个风景如画的小村庄，它们都建造在阳光灿烂的梯田之上，或掩映在一片片葡萄园之中。山顶上终年积雪，崇山峻岭之中有41个大小冰川。山谷中河水纵横，水源十分充足。这里有像中国新疆天池那样的高山湖泊，有大有小，数量很多。现在，马尔莫拉达山峰就在我们眼前。此山海拔3342米，山峰由浅色石灰岩构成。由于不断受到侵蚀，山脊呈锯齿形。山谷幽深，悬崖峭壁很多。

　　位于加德纳山谷的塞尔瓦、圣克里斯蒂纳、奥蒂塞伊以及瓦尔巴迪亚

多洛米蒂峡谷的针状岩峰——托里·瓦伊奥莱特峰

山谷的佩德拉切斯、拉维拉和科瓦拉等地，构成了这里最重要的旅游胜地，在整个阿尔卑斯山脉，能与这些地方相匹敌的滑雪中心几乎没有。你在游览多洛米蒂峡谷时，还可看到各类多姿多彩的山峰，如高耸入云的尖峰——帕莱·迪圣马丁诺峰，举世闻名的针状岩峰——托里·德尔瓦伊奥莱特峰等等。最后，你千万别忘记应该饱览的著名山峰还有切利亚山、卡蒂纳奇奥山和萨索伦戈山。

意大利第一大港口城市——热那亚

费拉里广场一角

历史悠久

热那亚位于意大利西北部，是利古里亚大区的首府，一座古老而美丽的海滨城市，是意大利第一大港口。

热那亚处于山区和丘陵地带，从米兰乘火车或汽车来此，需要穿过许多的隧道。利古里亚北部山脉是天然的屏障，它阻挡了来自内陆的气流，加上漫长的海岸线带来的影响，所以，热那亚一带属典型的地中海气候，气温变化小，冬暖夏凉。由于这里的气候适宜于树木、花草的生长，这一带环境绿化很好，森林覆盖面积占当地土地面积的一半以上，在全国名列第一。热那亚不仅环境优美，气候宜人，而且历史悠久，其起源可追溯到罗马帝国之前。早在公元前5—前4世纪，它就成为埃特鲁里亚、腓尼基和希腊进行贸易的中心，由于热那亚是仅次于马赛的地中海第二大良港，地位十分

热那亚港口观景点

重要,故招致各代王朝的争夺和异族的入侵。历史上,罗马人、拜占庭帝国、伦巴第人都统治过这里,后来,它才成为独立的城市国家并逐步强大。为争夺地中海的贸易控制霸权,它又与比萨、威尼斯开战。13世纪,热那亚发展到鼎盛时期,控制了包括撒丁岛和科西嘉岛在内的广大地中海地区。后来,热那亚的地位下降,还不断遭到西班牙、法国和奥地利的侵略,科西嘉岛于1763年出让给法国。1805年始,热那亚成为法兰西帝国的一部分。1861年归属意大利王国。

新老港口

热那亚是一个港口城市,早在中世纪,热那亚、威尼斯和比萨三个港口就是意大利最著名的港口。二战后,热那亚新修了公路、铁路,工业和造船业发展较快,成为意北部工业三角洲的重要

137

口，泛舟海上。在新老港口交接之处，耸立着一座高达117米的灯塔，它建于1326年，是热那亚的象征。游客还会看到，老港口附近建有一座观景塔，其外形像一台大型起重机。

人杰地灵

热那亚人杰地灵，有不少著名历史人物和名胜古迹。除哥伦布外，最著名的人物还有爱国志士马志尼，为了国家的独立和统一，他英勇奋斗了一生。音乐家帕格尼尼，他的小提琴演奏轰动了整个欧洲乐坛。

热那亚的市中心在费拉里广场。这一带很繁华，广场很大，中央有巨大的圆形喷泉，四周都是历史建筑物，有巴洛克式的教堂、歌剧院、交易所、总督府等。广场东边9月20日大街是繁华的商业区，街两旁是大商店、书店、电影院和咖啡馆。此街尽头，便到了胜利广场，这是一片绿色花园，有很大的草坪，草丛中有船锚和

组成部分。现在的港口由新、老港组成，新港外面有一条长达5公里的防波堤。新、老两部分水域面积450公顷，码头长30公里，可供200多艘船只同时停靠。近年集装箱运输发展很快，每年进出船只有1.6万多艘，吞吐量为6000多万吨。从港口再往西，建有油港，油码头可停泊50万吨级的巨型油轮。此外，每年还有50万旅客从热那亚登船前往撒丁岛等地。还有许多游人在这里乘船游览港

热那亚的象征—灯塔

在新老港口交接之处，耸立着一座高达117米的灯塔，它建于1326年，是热那亚的象征。

we all live on the same planet

费拉里广场人头攒动

船形图案。广场中立有烈士纪念碑，长明灯一年四季昼夜点燃。费拉里广场西边有圣洛伦佐教堂，建于公元11世纪，内有许多雕刻和绘画艺术品。在加里波第大街和巴尔比大街上，都是16—19世纪的华丽建筑。主要历史性建筑有公爵宫、白宫、红宫和王宫，在王宫对面是大学宫，著名的热那亚大学就在其间。

值得参观的地方还有颇具当地特色的博物馆和水族馆。如比安科宫美术馆、自然历史博物馆、海军博物馆、现代艺术馆和东方艺术博物馆。东方艺术博物馆更值得一看，因为馆内收藏了古代中国、日本、泰国等东方国家大量的陶瓷、服装和绘画等艺术品。水族馆是最受游人青睐之地，它是欧洲最大的水族馆。这个水族馆是为了纪念哥伦布发现新大陆500周年而建的。这里展出了上千种奇特无比的鱼类和爬行类两栖动物。49个水池、水柜再造了各种海洋、江湖环境，尤其是海豚馆中小海豚的表演吸引了无数的游人。

Tips

热那亚景点资讯

热那亚的市中心在费拉里广场，该市主要名胜古迹都集中在这里，如教堂、歌剧院、总督府等。步行到广场附近的加里波第大街和巴尔比大街，便可欣赏白宫、红宫和王宫等华丽建筑物。

从米兰或罗马乘火车直达，汽车走高速公路也行

费拉里广场 PIAZZA DE FERRARI

圣洛伦佐大教堂 SAN LORENZO
白宫 PALAZZO BIANCO
红宫 PALAZZO ROSSO
王宫 PALAZZO REALE
观景塔 BIGO
灯塔 TORRE DLLA LANTERNA
水族馆 ACQUARIO
东方艺术博物馆
MUSEO CHIOSSONE

著名航海家哥伦布的故居

爬满绿藤的砖石小楼

新大陆的发现者、伟大的航海家克里斯托弗·哥伦布于1451年出生在热那亚一个纺织工的家庭,他的故居位于但丁广场,那是一座独门独院的砖石小楼,墙壁上爬满了绿色的藤子。故居的正面刻有题词:"没有一所祖传的房屋,能像这所房子一样,如此受到人们的景仰,克里斯托弗·哥伦布在这儿度过童年和少年时代。"游人可以自由进入参观。

哥伦布诞生在中世纪和文艺复兴两个时代交替之际,那是一个人才辈出的时代。他生长在海边,从小就爱上了大海,10岁就经常出海,14岁就当上了海员。哥伦布被《马可·波罗游记》所启发,变得十分浪漫,富有激情和幻想。1476年,哥伦布在葡萄牙沿海遇险,获救后在里斯本侨居并与他的弟弟一起从事航海制图工作。他认真学习拉丁语及航海科学知识,不断丰富自己的头脑。后来他又在一条葡萄牙商船上工作,萌发了远航的念头。他满怀热情,向葡王求助,不幸遭拒。几年后,他转向西班牙,经过多次周折,一次又一次地向国王斐迪南和女王伊莎贝娜陈述他的远航计划,国王和女王被哥伦布的诚意所感动,终于决定资助他的远航。哥伦布和他的船队分别于1492、1493、1498和1502年四次横渡大西洋,为美洲大陆的发现及世界航海事业做出了巨大的贡献。

哥伦布故居

哥伦布四次乘帆船远航,建立了"发现"美洲大陆的丰功伟业。王如美国著名史学家、海军少将萨·伊·莫里森所言:"南北美洲的全部历史是以哥伦布的四次航行为开端的。"哥伦布发现美洲纯属偶然,他辛辛苦苦到达了美洲却至死还以为是到了"印度"。美洲的名称是为了纪念佛罗伦萨航海家亚美利哥·维斯普奇而命名为"亚美利加洲"的,因为亚美利哥肯定地说,哥伦布发现的"印度",就是美洲新大陆。

影响最深远的地理发现

哥伦布画像

哥伦布纪念雕塑

1506年5月，哥伦布在西班牙的巴利亚多利德仙逝。这位"海洋统帅"的死并未激起西班牙对他的悲哀，只是后来，这个国家才认识到他所做出贡献的重要性。他发现新大陆，这是人类历史上最惊人的、影响最深远的地理发现。

著名奥地利作家斯·茨威格认为，"一个勇敢者的成功，总会激起整整一代人的奋发努力和勇往直前。"哥伦布在历史上的传奇经历，无论是过去还是现在或者将来，对世人都有深远的影响，他将激励人们披荆斩棘，奋勇前进。

为了纪念哥伦布，意大利、西班牙和美国等国家和人民先后修建了纪念碑，还经常举办各种纪念活动。在意大利，哥伦布的故居已作为重点文物进行保护。此外，1802年，热那亚在阿夸维尔德广场竖立了巨大的哥伦布雕像。在哥伦布发现新大陆500周年之际，热那亚举行了盛大的纪念活动。在西班牙，专为哥伦布在巴塞罗那和平门广场修建

了纪念碑，碑上还刻有"光荣属于哥伦布"、"向哥伦布致敬"字样。离纪念碑不远的港口，还停泊着哥伦布第一次出航探险时乘坐的"圣玛利亚号"帆船的复制品，这是世界各地为纪念哥伦布而复制的第40艘帆船复制品。在美国，为了纪念哥伦布，俄亥俄州的首府称为"哥伦布市"，在市政厅广场上，立起了高达6米的哥伦布青铜雕像。

Tips

哥伦布故居

在但丁广场索普拉纳门附近（PORTA SOPRANA PIAZZA DANTE）

与哥伦布相关的纪念性建筑

汽车城都灵

有光荣传统的城市

都灵位于意大利西北部，与法国、瑞士接壤，是皮埃蒙特大区首府，海拔239米。都灵巨大的工业、商业和文化中心大部分都集中在波河的左岸。都灵地区有高山，也有波河河谷平原。由群山环抱的平原一直延伸到山脚下，形成了高山与平原的鲜明对照。这里气候的特点是冬季漫长而寒冷，夏季短暂而酷热，是典型的大陆性气候。

都灵始建于罗马帝国时期。公元前218年，罗马帝国占领都灵，作为军队驻地。罗马帝国衰亡后，都灵先后属于伦巴第王国、法兰克帝国和萨伏依公国。在罗马帝国灭亡后千余年间，意大利处于分裂状态。都灵是具有光荣传统的城

马达官

市，是意大利独立和统一的摇篮。在撒丁王国时期，都灵成了意大利统一运动的根据地。历史上，都灵曾三次作为首都：第一次，1563年成为萨伏依公国首都；第二次，1720年成为撒丁王国首都，此后被法国人占领；第三次，19世纪成了意大利统一运动的中心，1861—1865年是意大利王国的首都。在第二次世界

斯图皮尼季官

大战期间，都灵成了意大利和德国的重要军火生产基地。战争中城市遭到严重创伤，损失十分惨重。

汽车城

都灵是全国第四大城市。就工业而言，它仅次于米兰，居全国第二。几个世纪以来，都灵逐步形成了一个重要的商业运转网络，这是对本地区经济发展十分有利的因素。都灵与米兰、热那亚构成了意大利最发达的工业三角洲。在古城都灵，约有半数的居民直接或间接与菲亚特汽车生产有关，都灵以"菲亚特"闻名于世，故被称为"汽车城"。都灵高科技也很发达，它与附近两个城镇伊夫雷亚和诺瓦拉形成了意大利的"硅谷"，是意北部现代工业和科技的心脏。都灵的铁路和高速公路，四通八达。本

地通往瑞士的火车，要经过长达19824米长的辛普朗隧道，这是世界上最长的铁路隧道。都灵生产的服装和巧克力也闻名遐迩。此外，中国足球迷十分钟爱的尤文图斯足球队也在这里。

意大利北部最美丽的古都

都灵是意大利北部最美丽的古都，主要市区仍保持着18世纪的风貌。此城拥有大量古迹，显示出都城的宏伟气派。主要名胜古迹集中在罗马大街一带，此街的起点是古堡广场，火车站也在这附近。这条街很繁华，几百年来多次进行修建。罗马大街穿过圣卡洛广场。这个广场不仅十分广阔，而且非常壮观。广场上有国王艾玛努埃莱二世的骑马雕像。这一带有教堂、博物馆画廊以及剧院等。值得一看的景点有三宫、

都灵大教堂

大教堂、马达马宫、安东内利亚纳古塔等。王宫是萨伏伊家族的宫殿，宫前有两座骑马铜像，系神话中战神的两个儿子——卡斯托与保卢采。宫内有20多

都灵的象征——安东内利亚纳古塔

个展室,各室金碧辉煌,饰有古画及各种工艺品。大教堂在王宫之西,教堂里珍藏着一块殓布。传说这块布包裹过从十字架上卸下的耶稣的圣体,是君士坦丁大帝之母于公元316年去耶路撒冷朝圣时带回来的。各界人士对殓布的真实性进行过多年的研究,但终不得其解。马达马宫在古堡广场中央,因为这

Tips

都灵景点资讯

　　都灵的主要名胜古迹集中在罗马大街一带,此大街穿圣卡洛广场而过。大教堂、王宫、马达马宫均在这附近。大教堂在王宫之西。马达马宫在古堡广场中央。

圣卡洛广场 P. ZA SAN CARLO

大教堂 DUOMO

王宫 PALAZZO REALE

马达马宫 PALAZZO MADAMA

安东内利亚纳古塔 (都灵的象征)

MOLE ANTONELLIANA

VIA MONTEBELLO,20

苏佩尔加风景区 SUPERGA (在东郊)

斯图皮尼季宫 PALAZZINA DI

STUPINIGI (在南城)

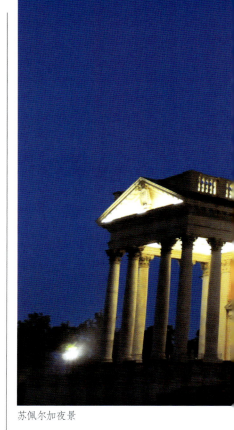

苏佩尔加夜景

里是艾玛努埃莱二世遗孀克里斯蒂娜的寝宫,所以也称太后宫。它曾经是国家统一初期参议院的所在地。安东内利亚纳古塔高167米,是欧洲最高塔。塔形奇特,原属以色列人的庙宇,意政府购买后进行了修缮。此处现为文艺复兴博物馆,它已成为都灵的象征。

　　都灵的名胜古迹比比皆是。除上述市内景点外,郊区有两个著名的地方是游人最感兴趣的,这就是东郊的苏佩尔加风景区和南郊的斯图皮尼季宫。

苏佩尔加是山名，山高672米，山上有一座美丽的教堂，附近还有王室的陵墓。这一带树木花草多，空气清新。斯图皮尼季宫建有规模庞大的巴洛克式宫殿，曾做过拿破仑及其妹妹的乡间别墅，现已成为美术和装饰品博物馆。

都灵的博物馆很多，最主要的是希腊—罗马博物馆、文艺复兴博物馆、统一运动文物博物馆、埃及文物博物馆、皇家兵器馆、皇家美术馆、电影博物馆、汽车博物馆、天文博物馆以及爬山博物馆等。

都灵圣卡洛广场

146

we all live on the same planet

著名的菲亚特汽车制造厂

时尚的设计，精湛的工艺

跨越2个世纪

1899年，都灵著名的萨伏伊家族的后代乔瓦尼·阿涅利创建了菲亚特（FIAT），这个名称是从"意大利都灵汽车制造厂"四个单词的第一个字母组合而来的。公司开办时，仅有50名职工，第一年只生产了8辆比较原始的汽车。而现在菲亚特汽车公司成了欧洲最大也是最成功的企业之一。

菲亚特是一个私人集团公司，该公司具有规模大、科技含量高、两个市场、多种产品和经久不衰的特点。100多年来，公司逐步发展壮大，它在都灵设立30多家工厂，遍布全市各个地区。公司现有职工30多万人。在意大利，与菲亚特公司有关的人员和家属竟达500万人之多，几乎占意人口的十分之一。菲亚特年产汽车260万辆，汽车产量约

占全国的90%，居世界第七位，在欧洲仅次于德国大众汽车公司。菲亚特主张发展高科技，其产品科技含量高。菲亚特公司是全世界汽车企业中最早决定大规模采用自动化新技术的，它不断发展创新，1979年，它迅速淘汰了一些效率低下的部门，更新设备并扩大了汽车配件生产；1993年它又推出新一代系列产品，这类新产品可在质量和设计方面与外国同类汽车进行竞争。公司为培养高科技人才、提高设计水平、开发新系列，每年加大投资款项。菲亚特十分重视开辟国内、国外两个市场。除了占有本国市场外，公司在世界50多个国家设立了800多家子公司和其他机构，各类产品行销五大洲，在世界各地的雇员超过24万人。菲亚特具有多种经营的能力。它除了生产各类汽车外，还有其他许多产品，如拖拉机、推土机、柴油机、铁路车辆、军用飞机、飞机引擎、船舶发动机、电子仪器，还生产核能设备和空间设备。菲亚特技术水平高，实力雄厚，所以被称为"菲亚特帝国"。长期以来，菲亚特公司经历了许多的风风雨雨，如第二次世界大战、石油危机、经济危机、商业上的激烈竞争等等，但是，它一直没有被打垮，反而一跃成为世界汽车工业的一大巨头。它的家用汽车产品小而精，节省汽油，价廉物美，深受广大消费者的欢迎。

涉及多个行业

今天，菲亚特公司还拥有自己的保险公司、科研机构、技校、旅馆和商店，每隔4年还举办一次国际车展，它的影响越来越广泛。可以说，它已经掌握了都灵的整个经济命脉，为北部的工业发展带来了新的活力，为都灵及整个意大利的经济发展做出了贡献。都灵的人均收入仅次于米兰，在意大利各大城市中居第二位。

参观菲亚特公司，宜前往南部米拉费奥里。这里是生产小汽车的最大工厂。由于工厂很大，车间很多，参观时需要经过的路程长达十几公里，所以该

厂接待参观客人时备有小型游览车。游客在接待人员带领下按车间顺序逐一参观，最后观看汽车组装。参观无人车间时，可见到许多机器人生产的情况，机器人在电焊、在喷漆、在组装，十分灵巧，大大提高了工作效率。

菲亚特汽车生产线

See the world with a diplomat

都灵汽车博物馆

汽车博物馆入口

意大利汽车工业的先驱卡洛·比斯卡雷蒂·迪·鲁菲亚先生于1960年创办了"都灵卡洛·比斯卡雷蒂·迪·鲁菲亚汽车博物馆"。人们习惯将其简称为"都灵汽车博物馆"。这座博物馆展出最古老以及最现代的各种汽车500余辆，它的规模之大，在意大利是独一无二的。卡洛对意大利汽车工业做出了卓越的贡献，他的父亲是都灵菲亚特汽车公司的创始人之一，卡洛的家族可称为"汽车世家"。卡洛先生创建博物馆的目的是向人们展示汽车革命的历史。

博物馆分为上下两层，共有15个展厅。参观中，观众往往对这些内容最感兴趣：首先，人们十分关注世界上第一辆汽车的诞生。这辆车由法国工程师居纽在1769年制造。居纽曾在军队服役，这是他设计并制造的世界上第一辆机动车，车上安装了一台蒸汽机用来带动车轮转动。其次，观众最注重汽车

的核心问题，即动力问题。发动机是汽车的"心脏"。过去是人力车、马车，靠人和畜的力量牵引。有了发动机，才有汽车的诞生。在展厅，人们可了解到工程师们最初是如何解决在汽车上安装蒸汽发动机和内燃发动机的问题的。第三，亲眼看看1907年北京至巴黎汽车拉力赛赢得冠军的车辆"ITALA"，北京至巴黎汽车拉力赛是世界上距离最远的汽车拉力赛。第四，观看菲亚特1899年出厂的第一辆汽车以及后来生产的王牌车辆朗卡、玛塞拉蒂、阿尔法

Tips

都灵汽车博物馆

MUSEO DELL'AUTOMOBILE

"CARLO BISCARETTI DI RUFFIA"

CORSO UNITA DI ITALIA 40, TORINO

都灵团结大道40号

罗米欧、意塔丽卡、兰博基尼和赛车法拉利。在博物馆，人们还可欣赏世界影星、大富豪、国际名人驾驶过的豪华轿车。第五，观众可了解到现代汽车工业发展最关键的一步，即通过改革，汽车由双缸发展到三缸、多缸的进程。

总之，博物馆内容很丰富，简直是一部关于汽车工业发展的百科全书。通过参观，人们普遍感到开阔了眼界，增长了知识。有人说，"车轮小，学问大"，这是很有道理的。汽车工业的发展是人类文明、进步的象征。

Tips

都灵购物攻略

推荐购物场所:罗马大街（via Roma）；城堡广场（Piazza Castello）；加里波尔第街(via Garibaldi)；露天市场

罗马大街是都灵城市风情的标志，在沿街两侧的拱廊下以及相邻的拉格朗街(via Lagrange)和卡洛阿尔贝托街（via Carlo Alberto），一字排列着众多的国际名牌，演绎着经典优雅或时尚风情。

城堡广场是罗马大街的终点，也是另一条购物精品街的起点。城堡广场一侧的供廊下排列着许多以年轻人为目标的青春时尚店，连接着高雅考究的苏巴尔碧纳长廊(Galleria Subalpina)和历史悠久、名店密布的波河大街(via Po)，直到维多利奥广场(Piazza Vittorio)。波河大街拱廊下的一大特色是许多流动的二手书摊，能淘到无数有意思的老书、

漫画、唱片和电影。

朝城堡广场的西北面走，便是欧洲最长的步行商业街之一加里波尔第街，街两旁是一家接一家各具特色的商店。更有趣的是与此相邻的是都灵城最古老的街区——古罗马区，曲折狭窄的小巷里藏着许多历史悠久的老作坊、创新前卫的个性小店，在这里能感受到非常独特的购物体验。

此外，露天市场是都灵购物世界中最生机勃勃的所在。都灵共有49个固定集市，数目之多在整个意大利首屈一指。五颜六色千奇百怪的摊铺，新奇的商品，不同时期真真假假的古董，勾起人们强烈的好奇心。其中最常见的要数皮埃蒙特（Piemonte）地区的特色食品，带回家是美味的纪念，送给亲朋好友是令人唇齿生香的馈赠。跳蚤市场上的古玩，因其上乘的品质和丰富的种类而闻名于世。

汽车博物馆外观

价值不菲的威尼斯面具

5

We all live on the same planet

意大利的传统与文化、教育

足球的天堂和沃土

足球王国

意大利是世界上公认的足球王国，这不仅由于足球是意大利流行最广、影响最大的群众性体育运动，而且还由于它的足球总体水平高，曾于1934、1938、1982、2006年4次获得世界杯足球赛冠军，并获得1970、1994年两次亚军。在欧洲足球冠军杯、优胜者杯和联盟杯决赛以及欧洲与南美的丰田杯赛中，均连续多年夺得冠军。

人们一致称赞意大利是足球运动的天堂和沃土，这话真是名副其实。足球在意大利占有重要地位，如同乒乓球在中国那样。在意大利全国"踢球成风，看球入迷"，人们乘坐飞机、轮船、火车的时间可以更改，甚至重要的会议都可以往后推迟，但足球赛是必须准时开场的。在第十二届世界杯比赛期间，议会开会暂时休会，以满足议员们看球的要求。意各大城市都有自己的足球队，市民把"进入甲级队，夺取桂冠"作为自己所在城市的奋斗目标。运动员和球迷把跨入甲级队看成是升入"足球天堂"。意大利足球市场最早在第一次世界大战期间就已经对外开放，不断引进一些外籍球星，并为各国球星进入意大利提供了极其优越的条件。近些年来，意大利足球俱乐部花重金购买球星的例子很多。至今有近千名外国球星曾在意大利踢过球。此外，意十分重视为足球运动创造良好的环境，训练场地、比赛设施、生活及休息场所都很完美，加上气候宜人，意大利人又十分热情好客，这一切使各国运动员非常满意。

基础牢固

足球运动在意基础牢固，它有近百年的历史。在全国范围内，上至总统、总理、议员、各政党领袖以及大公司总裁、学者、名流，下至普通百姓，无不喜爱足

意大利圣西罗球场，AC米兰主场　　捧杯一刻

竞争激烈的联赛

球。意大利足协成立于1898年，全国有数以万计的足球俱乐部。在青少年中，爱好足球的人很多，中小学校都有足球场。有培养前途的少年从8岁开始接受正规训练，各城市、乡镇都有足球训练场所，在足球普及的基础上，从几十万足球运动员中，精选出一批高水平的专业运动员，他们组成的国家队的水平自然也就水涨船高了。全国最重要的球队有20多个，如意大利国家队、拉齐奥队、AC米兰队、国际米兰队、那不勒斯队、尤文图斯队、佛罗伦萨队、热那亚队、桑普多利亚队、亚特兰大队、巴多瓦队、帕尔马队、维罗纳队、博洛尼亚队和卡利亚里队等。在这些实力雄厚的球队中，1996年评定出18个甲级队。

饮食文化

风味独特

意大利餐饮风味独特，具有深厚的"饮食"文化底蕴。他们把"吃"看成是一种享受。意餐在世界上很有名气，烹调技术历史悠久，菜肴脍炙人口，他们既掌握了现代烹调技术，同时又保存了过去传统的方法。意各地餐馆很多，大致分为正式餐、快餐和自助餐三类。正式餐馆有本国民族风味的，也有外国风味的。在各大城市的星级饭店，都设有高级餐厅。各城镇有不少中国华侨开办的中餐馆，还有德、法、日、马来西亚和新加坡等国的风味餐馆。快餐馆主要经营披萨饼、面包、汉堡包和三明治。上班族工作忙，为节省时间，往往只买一

份主食，再配上一杯啤酒或可乐、卡普奇诺等饮料就行了。自助餐很方便，餐馆通常设在高速公路加油站附近或繁华的街道。自助餐十分受当地人欢迎。意餐讲究色、香、味。蔬菜加工后色泽艳丽，烤肉、烤大虾、油焖海贝等闻起来香，吃起来味道可口。

在各类风味餐馆用餐时，常有业余艺人出现。他们不请自到，自由自在地拉手风琴或演唱民歌、流行歌曲，或以笑话、故事逗乐，每演完一曲，客人自愿给点小费。

意餐特色"老三样"

意大利人一日三餐都吃些什么？早餐简单，一杯咖啡，外加几片面包或一个圆面包、牛角面包即可。午餐也不复杂，工薪阶层的人常去快餐馆、中餐馆，

意大利的披萨店虽小，但披萨都是手工制作

买点三明治、夹肉面包、披萨饼或一份快餐盒饭，或去自助餐馆用餐。家庭午餐，通常是面食，加上鱼或肉、蔬菜和水果这三样。晚餐很重要，通常在晚上8—9点才用餐。在外进食，就去正式餐馆，在家里，吃肉类或鱼、虾，饮葡萄酒，有青菜、水果、甜点等。主食有西红柿面或海鲜面、通心粉、面包涂果酱等。意大利人喜欢与家人、亲友共进晚餐，边吃边聊，长达两三小时，悠闲自在地度过一个轻松的夜晚。

意餐最有特色的"老三样"是面包、奶酪和带血肉。这三样东西正是中餐所没有的。吃惯了这三样，就算习惯了意大利餐。面包品种很多，有薄片的、长条的、圆的、方的、扁的、三角形的、牛角形的。它们有各种口味，酸的、甜的、酥脆的、有硬有软。意人喜吃奶酪，其形多样，有石磨那样圆形的，也有长的、方的，品种多达几百种，味道各有不同，分为鲜奶酪、发酵奶酪、混合奶酪和发霉奶酪四种类型。吃面条时可将干奶酪粉撒入少许，使面条更加可口；有时用餐刀把硬奶酪切成小片吃，一边品味奶酪，一边侃大山，十分自在。当地人最爱吃的是乳白色的莫扎雷拉，口感好，有点像中国的元宵。带血肉是指牛排和生火腿。这两种肉食都是殷红色的，肉质鲜嫩。吃牛排时，有人偏爱嫩一些的，有人喜爱老一些的，厨师会按各人的口味去做。质量最好、最著名的生火腿，是帕尔马生产的。将腌制好的火腿切成薄片，与香瓜片一起进食，十分可口。

披萨是最具意大利特色的美味，披萨屋的服务员热情好客

面条、披萨饼与酒

面条与披萨饼也是意大利的特色食品。意大利面条风靡世界，品种繁多。在意大利，不论何种家庭，富裕的或贫困的，午、晚餐都爱食用面条。这种面很有嚼头，煮好后不黏连，这是因为当地使用的是一种特别的面粉，它是由硬小麦制成的。意大利除普通面条外，还有各种形状的通心粉。当地人吃面条很讲究调料，常用的有西红柿肉末酱、海味酱和哈蜊酱。吃面时当地人还配上奶酪、牛羊肉或鸡肉。意大利面条有40多个品种。披萨饼香脆可口，别有风味，它是人们爱吃的食品。这是一种发面烤饼，上面带馅。馅分荤、素两种，荤的是猪肉、牛肉和火腿，素的是黄瓜、茄子片或洋葱丝。无论荤素都需要配上干酪和西红柿酱。

意大利的"酒文化"也众所周知。

人们最喜欢的饮料是咖啡和葡萄酒。意各地酒吧很多，仅罗马和米兰就各有千余家。他们的酒吧就像中国的茶馆，人们在业余时间上酒吧一边饮咖啡，一边天南地北地侃，以消磨时光。当地人习惯饮量少而浓的咖啡，这是米兰人于

美味的披萨

举世闻名的冰激凌

19世纪发明的"煮浓咖啡机"煮出的咖啡，它主要依靠蒸汽加压，浓度在85°—90°，通过金属网过滤残渣后，煮出的咖啡色泽清澈，略带糊味，口感柔滑。咖啡种类不少，有牛奶加咖啡，有带可可粉的咖啡，还有苦味和醇香的咖啡。有一种称为卡普奇诺的饮料，这是意大利特有的一种泡沫饮料，用前加点白糖，十分可口。意大利酿制葡萄酒历史悠久，产品出口世界各地。当地人爱饮酒，但饮烈性酒的较少，不酗酒，劝酒。意大利人在吃海鲜时，习惯喝白葡萄酒，吃肉食时，喜欢饮红葡萄酒。

Tips
不可不尝的意式美食

意餐世界有名，它属于典型的地中海餐。特点是可口、清淡、油而不腻。意餐普遍食用橄榄油、饮葡萄酒，吃深海鱼及各种海鲜，习惯吃新鲜蔬菜和水果。

吃意大利餐就要亲口尝尝以下最具特色的食品和饮料：

（一）牛排。当地人喜吃嫩牛排，看起来就是一大块带血肉。如你不太习惯，可要求餐馆加工得熟一些。

（二）生火腿。以帕尔马地区的产品最有名，十分可口。

（三）意大利面条。西红柿面、海鲜面都很好吃。有机会就尝尝最出名的博洛尼亚海鲜面。

（四）披萨饼。按所用原料不同而分为多个品种，如鲜虾、火腿、香肠、猪肉等。以干柴文火烘烤的味道最为地道。

（五）米兰的利索托米饭。

（六）奶酪。品种很多，意人最爱莫扎雷拉，像中国的元宵，口感很好。

（七）冰激凌。有草莓、香草、柠檬、巧克力等味道的。

（八）饮料方面：咖啡、卡普奇诺以及葡萄酒。

美食天堂

在意用餐注意两点：第一，可优先考虑去自助餐、快餐或者华侨餐馆用餐（大多数华侨餐馆每星期一休息）；第二，不饮或少饮烈性酒。不吃变质食品，多吃蔬菜、水果，注意饮食卫生。

丰富多彩的生活

热情、浪漫的意大利人

意大利人性格开朗、热情、浪漫，懂生活、会生活，善于工作，也很会休息。总之，他们的生活是丰富多彩的。

意大利人喜欢交朋友，熟人相见总是非常热情，脸部表情丰富，讲话滔滔不绝，还不时地打手势。比较亲近的朋友见面后，常有相互拥抱的习惯。对于初次相识的人，他们也以礼相待。在意大利各地，无论来自哪个国家的人，都会得到意大利朋友的热情接待。社会上对老人、妇女和儿童十分关心、爱护和尊重。

意大利是服装之乡，人们很讲究穿着打扮。他们上班、交际或出席各种公共场合的活动，男士都穿西服、系领带，女士可穿西服套裙。女士喜欢佩戴装饰品，如手镯、金戒指、金项链等，手上常常提着精致的小手提包。

街头以画人像画谋生的画家

喜欢鲜花的意大利人

意大利人爱花，还喜欢互赠礼品。这个国家一年四季都有鲜花，许多家庭都习惯摆上几盆花。有一种叫米莫萨的

也许这里隐藏着未来的经典

看点 **See the world with a diplomat** 每年春、夏、秋三个季节，意大利人都喜欢在郊外野餐。

58

we all live on the same planet

小白花很香，很受女士们的欢迎。三八妇女节时，习惯送此花。每个城镇都有许多花亭，各种鲜花任顾客挑选。在罗马郊区的杰纳扎诺镇，每年举办花节，全镇马路上用鲜花布满了各种图案，驻足观看的人很多。圣雷莫市是全国著名的花卉产地，种有各类品种的花，既供国人需要，又大量出口国外。给朋友送花是最受欢迎的。到朋友家做客、出席宴会或遇有重要节日，经常要赠送礼品，以送纪念品为主。人们不关注礼品是否贵重，只重视礼品的艺术性和纪念意义。朋友之间送礼是一种联络感情的方式，礼轻情义重嘛！

意大利人的文化娱乐活动丰富多彩。人们酷爱歌剧，每年春季，各地剧院公演歌剧，剧院里总是座无虚席。夏季，除在室内音乐厅欣赏音乐会外，许多城市都举办大规模的露天消夏音乐会，无数居民踊跃出席。意大利文艺演

威尼斯女孩喜欢戴面具过节日

出活动终年不断，音乐会之后，很快又进入观看芭蕾舞的季节了。

享受生活的意大利人

意大利人的室外健身、旅游活动特别多。每到周末，城里人纷纷驾车出行，前往郊区农村，山坡、海滨等旅游胜地休闲，调养身心。每年8月是休假旺季，除交通、邮电等部分行业外，全国所有企事业单位、政府机关几乎都停止工

上了年纪也不忘运动的意大利人

作，人们都要到海边或山间别墅度假。喜爱体育运动的人很多，除观看足球比赛外，老年人常常在海边、湖畔、山坡和公园内玩地滚球。节假日人们还经常在山地骑自行车健身。垂钓和野餐也是颇受欢迎的活动。意大利垂钓场所很多，既有漫长的海岸线，又有许多河流湖泊。海鱼、河鱼品种很多。除全国钓鱼协会外，各地分会有百余个。米兰一位钓鱼迷说："假日垂钓，神经得到了调节和放松，达到了消除疲劳的效果。每当看到活蹦乱跳的鱼被钓上来时，真感到其乐无穷。"此外，每年春、夏、秋三个

穿着入时的意大利人

季节，意大利人都喜欢在郊外野餐。他们随车携带了折叠桌椅和塑料台布，带足了面包、香肠、火腿、奶酪、点心、水果、葡萄酒以及其他饮料，每到一地，游乐之余，就地进餐。特别是外出钓鱼、划船、游泳、爬山时，经常在外野餐。除了自己携带熟食野餐外，也有人喜欢就地用炭火烤鱼、牛排和鸡腿，这样更有野餐风味，吃起来更香。

发达的教育事业

完善教育体制

意大利是一个教育发达的国家，历史上的经济腾飞，更加促进了教育事业的发展。

目前，意大利的教育体制分为幼儿教育、小学教育、初中教育、高中教育和大学教育5个阶段。在全国40多个城市中，有65所大学。各类大学的学制一般为4年，工程、建筑专业5年，医科6年。意大利的教育具有以下特点：

高等教育历史悠久。博洛尼亚大学于11世纪末创办，校址在意北部博洛尼亚市，是欧洲最古老、最著名的大学之一。欧洲一些大师巨匠，如但丁、皮特拉克、哥白尼、马可尼等，都就学于

博洛尼亚大学

此。其历史久于法国的巴黎大学和英国的牛津、剑桥大学，号称"欧洲大学之母"。意大利建校较早的大学除博洛尼亚大学外，还有维琴察大学（1104年）、阿雷佐大学（1213年）、帕多瓦大学

we all live on the same planet

（1222年）、那不勒斯大学（1224年）、罗马大学（1303年）和都灵大学（1405年）。欧洲著名学府是博洛尼亚大学、帕维亚大学、帕多瓦大学、比萨大学和罗马大学。

教育与科研紧密结合。大学的任务是两个，一是教学，二是科研。从1930年起，各大学开始设立研究所，各所分别属于有关各系，研究所就是大学的科研机构。除研究所外，有的大学还设有服务中心和研究中心，与企业组成联合集团，以适应尖端技术与社会生产和生活的需要。

重视职业教育

职业高中和专业技术学校发展较快。在意工业腾飞时期，各工厂、企事业单位急需专业人才。职高和技校培养目标明确，理论密切联系实际，毕业生正好符合社会各行各业的需要，他们分配到各个单位后很快就能适应工作。这

罗马大学

博洛尼亚大学的教职工会议

两类学校最早都集中在意北部米兰、都灵、热那亚工业三角洲地区，随着南方工业化进程加快，在卡拉布里亚、普利亚、巴西利卡塔等地也建有许多职高和技校。意职高主要培养级别较低的职员，技校培养熟练工人。

上大学不必经过全国统一的升学考试。意大利于1969年对高考升学制度进行了改革，那些通过高中毕业考试的学生，不再经过升学考试就可以直接上大学学习。大学各科系的招生也不受名额限制。这样，凡是拿到高中毕业证的学生，只要自己愿意进入高校深造，都可顺利入学。这次改革后，意在

161

博洛尼亚大学的建筑令人回味

校本国学生和外籍学生猛增。

　　宗教课不再是学生的必修课。意大利是信仰天主教的国家，居民中约90%的人信仰天主教。天主教曾是意大利的国教，宗教课曾是学校的必修课。自1984年以后，意政府决定不再把天主教作为国教。因此，从1987年开始，宗教课不再是必修课，只作为选修课。上或不上此课程，学生可自作选择。

努力革故鼎新

　　由于各种原因，意大利教育仍存在一些弊端。主要表现在以下两方面：

一是高等教育南北发展不平衡，这是由于历史原因所造成。南北经济和生活水平差异较大，教育方面也是如此。在上世纪，罗马、米兰等地大学很多，而在南方仅有一所卡拉布里亚大学，教育程度相差太远。后来，意政府为了开发南方，加大了对南方的教育投资，这一矛盾已有所缓解。第二，由于上大学不需

Tips

博洛尼亚大学
UNIVERSITA` DI BOLOGNA
校部在赞鲍尼大街33号

升学考试,带来某些消极影响。学生数量增加。出现人满为患。如罗马大学在校生多达19万,波伦亚大学、那不勒斯大学都超过4万。师资出现不足,教学设备奇缺。此外还出现注册学生按期毕业率极低的问题。近些年来,意加快了教学改革的步伐,决定延长义务教育的年限,由6—12岁扩大到5—15岁,小学由5年改为6年,初中、高中均为3年。高等教育方面,正加紧改革学费过高、师资老化以及绝大多数大学生不能按期毕业等问题,以适应新时代的要求。

中意双方在教育合作方面日益加强。近年来双方互派留学生增加,自费生数目更多。中国学生前往罗马大学、博洛尼亚大学、米兰大学、博科尼商业大学(私立)、米兰音乐学院以及佩鲁贾外国人大学、锡耶纳外国人大学求学的人数越来越多。

罗马大学是学习意大利语的理想学府

优美、动听的语言

意大利语是全国通用语言和官方语言,属印欧语系新拉丁语族(也称罗曼语族),意语与法语、西班牙语、葡萄牙语和罗马尼亚语是同一语族。

如音乐般优美的语言

意大利语优美、动听,是世界上最好听的语言之一。这种语言讲起来琅琅上口,使人一听就感到十分清脆、响亮、温柔、悦耳。年轻的恩格斯十分欣赏意大利语和法语,他夸赞意大利语"像和风一样清晰而舒畅,它的词汇犹如最美丽的花园里盛开的百花",而语法"像小河一样发出淙淙的流水声"。凡是学习过意大利语或听过用意语交谈的人都有同感。世界上音乐术语都习惯用意大利语标出,这不仅说明意大利是音乐之乡,有许多著名音乐家和作曲家,而且表明意语像音乐般的优美,深受世界

人民所喜爱。

在全世界2000余种语言中，有半数以上是不独立或不常用的语种，有3/4的语言尚无文字。全世界95%的人使用最通用的语言不到100种。世界上超过5500万人使用的语言只有13种，其中包括意大利语。在13种语言中，中、英、法、西、俄五种语言为联合国工作语言。意语使用范围除本国外，还作为圣马力诺和梵蒂冈的官方语言，也是瑞士卢加诺地区的通用语言。由于历史的原因，一些阿尔巴尼亚人、索马里人、埃塞俄比亚人、利比亚人和马耳他人也能讲意大利语。此外，生活在美国、加拿大、阿根廷、巴西、澳大利亚、德国和瑞士等国的约5000多万意侨人也习惯使用意大利语交流。

表意精准拼写方便

意大利语具有历史久远、拼写一致、词汇丰富等特点。意语最早是从古罗马帝国的通俗拉丁语逐渐演变而来的。通俗拉丁语后来发展为多种地方语言,而托斯卡纳地区的佛罗伦萨方言最具优势,所以成为现代意大利标准语言的基础。佛罗伦萨方言之所以能发展为意大利通用语言,主要原因是该市地处全国南北中心,文化和交通都很发达;在诸多方言中,这里的方言流行广,发展快,最接近拉丁语;文艺复兴大师但丁、彼特拉克、薄伽丘等人用佛罗伦萨方言创作了许多文学作品,从而大大提高了这一方言的地位和影响。

意大利语具有拼写一致的特点。它共有21个字母(16个辅音,5个元音),单词均以元音结尾,音节发音清晰、温柔、平整、浑厚,很有节奏感。由于拼写一致,怎么发音就怎么写,故容易上口,书写也不难。

意大利语词汇非常丰富,同义词很多。在文学创作或抒发情感时,由于选词不同,涵义就会有细微之别。对意语学习时间越长,就越能体会到各个同义词之间的微妙差别。意语有很多成语、典故、俗语、谚语和格言。运用它们,会使语言表达显得更加生动。此外,罗马、米兰、西西里、撒丁岛等地都流传一些方言,有时讲点地方土话反而显得亲切、自然,也有入乡随俗之意。

Tips

语言

语言是人们相互交流的工具。意大利的官方语言是意大利语。有的意大利人还会讲英语、法语。在政界、商界和旅游部门能讲英语、法语的人要多一些。意语也有方言,如西西里岛人的语言与罗马、佛罗伦萨地区的语言就有诸多差异。

建议学几句意大利语,如:"你好!再见!谢谢!"(早上好Buongiorno! 晚上好! Buonasera! 晚安! Buonanotte! 再见! Arrivederci! 谢谢! Grazie!)等,只要你讲一点意大利语,当地人就倍感亲切。如果你不会讲意大利语,但会讲英语或法语,这也会给你的旅行带来一些方便。

政府重视对文化古迹的保护

意大利文化古迹很多,对文物的保护工作就显得非常重要。政府对此项工作十分重视,不断加大对文物保护的投资。意大利修复文物的技术水平在世界名列前茅,该国对许多重点文物的修复,成绩显著。许多城市的古城墙、碎石马路、古代建筑、有轨电车等保护完好。这个国家有很多规模大、技术要求高、耗资多的修复项目,这里仅以古罗马水道、浴场、比萨斜塔、庞贝古城、米兰大教堂和维罗纳的阿雷纳剧场为例做些介绍。

罗马古水道焕发新光彩

在古代罗马,为解决居民用水问题,修建了许多水道。由于时隔两千多年,这些渠道大多出现了倒塌、流水受阻、残缺不全等问题。针对此状况,当地政府经过认真考察,精心计划安排,进行了修补、疏通等项工作,迄今已有四五条水道流水畅通,引水城中. 造福于民。现在,罗马城中许多喷泉之水都源自这些古水道,为城市增添了光彩。

众多古迹都得到很好的保护

古罗马浴场变身大花园

古罗马浴场建于公元3世纪,因为是卡拉卡拉皇帝下令修建的,故命名为卡拉卡拉浴场。历史上,它的作用很大,不仅可供1600余人洗浴,而且还是一个公共交际场所,设有健身房、娱乐厅、花园及图书室等。由于这一建筑年代久远,至今只剩下残垣断壁了。政府对此加以修缮,加固高墙,美化环境,如今它已是一所美丽的大花园了。罗马市政府利用浴场浑厚的残壁作为舞台背景,在古浴室和花园废墟上搭起了观众席,夏季经常在这里举行盛大的文艺演出和音乐会等活动,效果很好,很受大众欢迎。

抢救斜塔花费大

为了抢救比萨斜塔,当局花费大量钱财。自1918年以来,塔身每年倾斜1毫米。为了纠偏,几百年来,政府先后成立过17个抢救机构,聘请160多位专家实地考察,他们共提出几百个方案。1972年和1980年地震后,塔身倾斜速度加快。由于危险程度增加,斜塔曾几度向游人关闭。1998年,中国建筑专家曹时中也前往意大利为挽救斜塔献言献策。现在,斜塔虽然已有限地(对参观时间和人数进行控制)对游人开放,但是如何减缓斜塔倾斜仍是一个尚未彻底解决的问题。

古城遗址持续200多年

对庞贝古城遗址的发掘是意大利各届政府重视挖掘工作最典型的例子。从1748年正式开始挖掘,一直经过200余年之努力,才清除了厚达数米的火山灰和浮石,使这座消失近2000年的古城重见天日。在挖掘过程中,有效地保护了古老的墙壁、窗户、家具和各种器皿,

夜色中的米兰大教堂

良好的保护工作令许多古迹焕发青春

甚至连炉子里烤好的面包、厨房里煮熟的鸡蛋、瓦缸里存放的小麦等等，都保存完好。此外还有不少金银器、装饰品和壁画、雕刻等也都得到妥善保护，现在，它们都被陈列在博物馆中。

米兰大教堂多次修复加固

米兰大教堂的维修工作也十分突出。这座教堂是世界著名的哥特式建筑，历史上多次进行加固、修复。最近

米兰大教堂几经修茸

一次修复工作是在1984—1986年进行的。为了纪念米兰大教堂落成600周年(1986)，米兰市政府选派许多技术精良的建筑师、雕刻家和文物修复专家，对内墙、地板、祭台等加以修茸。在外部，对135个尖塔及3400个大小雕像上常年残存的污垢进行了清除，使这些大理石显现出原有的光泽，修缮效果十分显著。

阿雷纳剧场面目一新

对维罗纳阿雷纳剧场的修理也是一个很好的例子。这座古罗马时期的建筑因年代已久，顶部高层墙壁已残缺不全，四壁破损，内部石阶也面目全非。经过大量专家、技术人员多年修复后，这座椭圆形建筑面目一新，墙壁平整，内部40来圈石阶也补充完整，舞台也新修如旧。现在，这座可容纳3万名观众的剧场，每年都举行歌剧和音乐会演出及大型集会活动，利用率很高。

多种措施保证修复水平

除上述具体修复工作之外，政府所采取的以下措施也值得提及：首先，建立了中央文物修复所。在罗马、佛罗伦萨、米兰、那不勒斯等大城市都有这类机构，仅中央一级就有300多名专家。他们对文物进行整理和维修，尤其是对古画、雕刻和青铜器的修复，水准特别高。第二，每年举办培训班，专门培训修复文物的技术人员。招收对象是具有中

看点 中央文物修复所有300多名专家。
See the world with a diplomat

168

we all live on the same planet

等文化水平以上的中青年,录取前要经过严格的考试,内容包括美术、古希腊、古罗马艺术史知识及实践经验。学员们在专家的带领下完成课堂教育和实习。经过3年的学习后,经考核合格才算毕业。根据毕业生的实际工作水平,分别发给"修复师"或"修复工"的证书。第

三采取多种保卫措施,保证国家文物安全。全国各地都有一定数量的特别宪兵专门从事文物的保护和管理。在各博物馆、绘画馆、古城堡和拥有重要文物的教堂、修道院里,均安置有灵敏度很强的电子监控设备,以保护文物安全,防止盗窃。

爱好私人收藏

波尔迪私人博物馆收藏

普遍爱好私人收藏

意大利人生活丰富多彩,他们的业余爱好很多。如听音乐,品尝美食,喜饮葡萄酒,喜喝咖啡,爱观赏足球和赛马,喜爱鲜花,偏爱宠物。他们还爱好室外运动,如山地骑自行车、玩地滚球、垂钓、野餐以及外出度假旅游等。此外,意大利人还普遍爱好私人收藏。

随着社会发展和生活水平的不断提高,人们对文化艺术的追求更加普遍,私人收藏的种类日益增多,收藏品包括:自然界的动植物标本,如蝴蝶、昆虫、飞鸟、鱼类,花卉等;各种用具物品,如陶瓷(花瓶、瓦罐)、钟表、小刀、剪子、钥匙、钢笔、手机、电话、各种磁卡;艺术品方面有乐谱、各种乐器(钢琴、手风琴、小提琴、笛子、手鼓等),还有绘画、雕塑、建筑模型、挂毯等;饮食方面最著名的是私人酒库收藏的不同年代生产的各种酒类。此外还有邮票、钱币……等等。个人收藏还具有规模越来

奥利亚里交通博物馆

越大、价值也越来越高的特点。最大的收藏有火车头、小汽车、大型人物动物雕塑等。私人收藏具有个性特点，它充分反映了个人的爱好以及对其收藏品的欣赏能力。

以下是几位意大利人富有特色的收藏：

波尔迪·佩佐利

米兰著名的艺术品收藏家——波尔迪·佩佐利先生。他开办的私人博物馆位于米兰繁华的曼佐尼大街12号，规模较大。博物馆是一座上下两层楼的建筑物，共有24个展室。博物馆的名称为"波尔迪·佩佐利博物馆"。波尔迪先生从1846年开始筹备、布展，经过30余年的努力，终于在1881年4月24日向公众开

放，至今已有118年的历史。这是意大利最早的私人博物馆，其历史可追溯到波尔迪的父亲和祖父那个年代。在18—19世纪，除佩佐利家族开始创办家庭博物馆外，在米兰斯皮利托大街还有七八家规模较小的私人博物馆，在兴兰附近的

> **Tips**
>
> **著名私人博物馆资讯**
>
> "波尔迪·佩佐利"博物馆
> MUSEO "POLDI·PEZZOLI"
> VIA MANZONI 12, MILANO
> 米兰曼佐尼大街12号。
> 奥利亚里交通博物馆 MUSEO DEI TRASPORTI OGLIARI ENTRATA, PIAZZALE DELLA STAZIONE RANCO VARESE, MILANNO 在马乔列湖地区，米兰北部瓦莱塞市兰科镇车站广场。

贝尔加摩也有一两家。波尔迪·佩佐利博物馆的展品很多,主要分为7大类:古式家具、玻璃艺术品、陶瓷制品、铜器、雕刻、钟表和绘画。馆内收藏价值较高的展品有:文艺复兴时期大画家贝利尼的珍品;15—18世纪的各种铜器制品;价格昂贵的精密钟表;还有威尼斯穆拉诺厂生产的精美玻璃制品等。

交通博物馆

火车头收藏家

火车头收藏家——弗朗切斯科·奥利亚里。他收藏火车头是为了向广大观众介绍交通事业的发展和进步。他毕生从事交通工作,是一位学者、教授,学识渊博,曾出版过66本交通史著作。他不仅在交通运输方面有丰富的知识,而且对这方面有特别的兴趣和爱好。在当地政府的支持下,他选择了意北部(马乔列湖地区)兰科镇一座花园作为展出地点。他花重金于20多年前创办了火车展览馆。展出内容丰富,包括各种火车头、蒸汽火车、电动火车,车厢、铁轨以及车站设备、路标等。意大利第一条铁路是1839年修建的,起始站为从那不勒斯至波蒂奇,全长10公里。

观众可以目睹这条铁路使用过的铁轨。意著名作曲家威尔年轻时在米兰上学,他经常从家乡布塞托乘火车到米兰,这里展出了威尔当年乘坐过的火车。这里还展出了1931年曾经使用过的从米兰开往多莫多索拉的国际列

车以及ETR500型现代化高速列车。此外,还展示了车站用的各种指示灯、各个时期的火车票、通讯联络使用的各式电话、电报机,还有不同年代铁路员工

波尔迪私人博物馆

所使用的不同工具及列车员的衣着。奥利亚里先生热爱车轮，热爱铁轨。他创办的个人展馆在意大利和欧洲颇有影响。人们赞扬他"永远屹立于创造历史

的车轮和铁轨之中"。

保罗·萨尔瓦多先生收藏了大量不同型号的汽车。保罗先生住在米兰风景秀丽的圣西罗地区，在他家楼下地下室是一个2000余平方米的车库，里面停放着他收藏的上百辆不同年代生产的各种型号的小汽车。这些车辆多为百年前的老式产品，包括有英、美、德、法、俄罗斯、捷克和波兰等国的产品。他说，他是个汽车迷，多年来，虽然耗费了许多时间和金钱，但是，最终能买到各种型号不同的车辆，他感到很满足。当人们赞扬他时，他就说："这是我一生中最高兴的事情。"

Tips

Tips

旅馆与起居

意大利建筑闻名天下，各式建筑很多。当地人住房舒适，居住环境和条件都不错，但住房方面存在差别较大、房价年年看涨等弊端。

意各类旅馆多如繁星，全国有几万家，分为五星、四星、三星、二星、一星五等。此外，还有无星级旅馆、客栈。中国公民赴意旅行住在哪儿最合适？这要依个人情况而定。作为一般旅行者不必太讲究，但选择一间整洁、卫生并有淋浴和电视、电话的房间还是必要的。在意预订房间手续简便，提前打电话即可。房价普遍较高，特别在旅游旺季、国际博览会及重要节日期间价格更要

贵一些。淡季房价较低。有的旅馆在房费中已包括早餐费用。

在罗马、米兰等大城市均有华侨开办的旅馆，价格不贵，且供应中餐。

罗马与北京的时差为7小时。在意旅行要逐步适应当地作息时间。当地人起居时间与中国人不一。他们习惯晚睡晚起，把清晨看成"魔鬼时间"，每天起得晚，上午一般到9点才上班。用餐时间有"早餐不早，晚餐很晚"的特点。晚上正餐要到8点钟才开始，一直吃到午夜。夜生活很丰富，娱乐活动多，大多数人到深夜11—12点钟才休息。当地人时间观念不强，出席招待会活动迟到不足为怪，大家慢慢就会适应当地习惯。

佛罗伦萨圣乔瓦尼洗礼堂

威尼斯唯一交通工具——船

意大利、梵蒂冈七日精选深度游程

Day 1 罗马（Roma）

　　参观罗马的标志性旅游景点圆形竞技场（Colosseo）。乘地铁B线可抵达圆形竞技场，参观约1小时，不要忘记旁边的君士坦丁凯旋门。之后步行约30分钟前往威尼斯广场（Palazzo Venezia），威尼斯广场有艾玛努埃莱二世纪念堂、威尼斯宫可以参观，也可以直接绕到纪念堂后面的卡比多里奥广场。

　　下午至万神殿（Pantheon），参观约30分钟，步行5分钟到罗马境内最大的也是知名度最高的喷泉——许愿池（Fontana di Trevi）。

意大利主要景点
吴弩弩 绘画

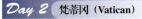

Day 2 梵蒂冈（Vatican）

　　搭乘地铁A线到Cipro-Musei Vaticani站下车，步行5分钟到达梵蒂冈博物馆，比较完整地欣赏所有展品至少需要2-3小时，重点当然是西斯廷礼拜堂。

　　下午参观圣天使城堡约需1小时，圣彼得大教堂1小时，圣彼得广场30分钟。

梵蒂冈圣彼得大教堂

Day 3 佛罗伦萨（Firenze）

　　乘早班火车前往佛罗伦萨，约1小时35分钟。游览文艺复兴发源地——佛罗伦萨，市政府广场（Piazza di Signoria）是佛罗伦萨最漂亮的一个广场。之后可游览花之圣母教堂。

　　下午至比萨城参观被誉为中世纪七大建筑奇迹之一的比萨斜塔。之后返回佛罗伦萨。

佛罗伦萨

Day 4　米兰（Milano）

　　乘火车至米兰中央火车站，约4小时。不可不到的是圆顶大教堂，被认为是意大利最杰出的哥特式建筑。从大教堂步行15分钟来到斯福尔采斯科城堡，这是一座免费开放的博物馆。

米兰大教堂

Day 5　米兰（Milano）

　　可至感恩圣母堂参观，它因达·芬奇名作《最后的晚餐》而闻名于世，不过一定记得要提前预约。之后游览艾玛努埃莱二世拱廊（Galleria V.Emanuele），这也是米兰的标志性景观之一。这一带是米兰的商业中心，可充分体会"时尚之都"的魅力。

Day 6　威尼斯（Venezia）

　　乘城际巴士前往威尼斯，约3小时。下午可乘贡多拉顺大运河漫游，沿途经过科雷尔博物馆、黄金宫、雷雅托桥等文艺复兴时期建筑。

威尼斯风光

Day 7　威尼斯（Venezia）

　　先去穆拉诺（Murano）的玻璃工厂。这座工厂生产的各种玻璃制品闻名世界，是威尼斯古老的玻璃产业的代表。从玻璃厂出来，乘水上巴士到总督府，总督府和威尼斯监狱之间的桥梁，就是著名的叹息桥（Ponte dei Sospiri）。之后步行就能到达威尼斯的地标：圣马可大教堂（Basilica San Marco）。

　　下午可在景点聚集的市中心圣马可区游览，参观圣马可广场（Piazza San Marco）——总督府——科雷尔博物馆。

中国2010上海世博会

意大利馆: 透明混凝土

展馆主题:理想之城,人之城
展馆位置:上海世博园C片区
造型亮点:功能模块,方便重组
国家馆日:6月2日

展馆透视

在意大利馆,观众将看到一种"传说"中的特殊材料——透明混凝土,它使厚重的水泥墙体产生了仿佛并不存在的效果。

透明混凝土就是在混凝土中加入玻璃质地的成分,使得透明混凝土能如玻璃幕墙一样透过光线,观众可以透过墙看见馆内外物体的轮廓,这使整个意大利馆区域显得明快而通透。

透明混凝土还能利用各种成分的比例变化,达到不同透明度的渐变。

意大利国家馆内部实景图。(摄影:严克勤)

这将使得在意大利馆,光线不再是阳光明媚或阴云密布的单一模式。从一个区域到另一个区域,不同质地的透明混凝土将反映出不同的室外温度、湿度、亮度,从而在不同场合发挥不

意大利馆实景图

同的功能。

届时,观众无论是站在意大利馆的内部还是外部,都可以通过光线的透射,看到另一侧的影像,产生奇妙的幻觉。

看点1

在意大利馆内部,既有狭窄的街道、庭院和弄堂,又不时出现广场、花园,仿佛是一座集上海石库门弄堂、《罗马假日》中意大利广场为一体的城市。在设计师看来,这将更好地体现意大利各地区特点和多样性之间的交融。

看点2

按照设计，在意大利馆入口，6个LED屏幕将如同瀑布垂下，"瀑布"中不时落下世界各国"水"的文字。

进入大厅内，一幅《水边的阿弗洛狄娜》欢迎游客去欣赏贡多拉船模、航海图

屹立2000年的古罗马竞技场

等与水密切相关的实物展品与投影屏。

而在二层展出的意大利古典绘画、雕塑作品中，一尊维纳斯沐浴雕塑将吸引游客的眼光。雕塑中的维纳斯少女将浴衣搭在支架上，左手抓住头发，右手托着额上的发带，展现着与水相似的柔美。

威尼斯面具

看点3

意大利馆运用大量新技术，将整幢展馆建筑设想成一部拥有生态气候调节功能的"机器"。在冬天，它用透明混凝土制成的外墙，能吸收太阳能辐射为室内加热；在夏天，它又能利用自然的气流和水流降温，制造出类似自然环境的舒适空间。

为此，意大利馆运用烟囱原理，以自然方式排出室内上层的热空气。同时，室外的自然风经过水幕降温后，徐徐吹进室内，非常凉爽。

意大利馆的入口大厅由大范围幕墙玻璃组成，但不用担心大厅被阳光烤得太热，因为与幕墙玻璃连成一体的太阳能发电板，可以遮住阳光。

设计师还为展馆特别设计了一些像刀锋一样的"切口"，悬挂在外墙上，并穿透到内部。这些"切口"不仅分隔了空间，使场馆富于动感，还可以将外部的光线反射到馆内，并与中央大厅形成一条通风走廊，向馆内输送自然风。

意大利馆还环绕着平静的水池，增加了自然亮度，使展馆的明亮效果从室外一直延续到室内。

《我们生活在同一个地球——外交官带你看世界》书

印度洋明珠
斯里兰卡
作者:江勤政

彩虹之国
南非
作者:陆苗耕

欧亚纽带
土耳其
作者:徐鹏

西半球文明古国
墨西哥
作者:江允熬

日落之邦
摩洛哥
作者:穆义 张辉耕

沙漠绿洲
沙特阿拉伯
作者:郑达庸 李中

热力桑巴
巴西
作者:黄志良 刘静言

沙漠中的博物馆
约旦
作者:罗兴武 董竹

孔雀之国
印度
作者:潘正秀

花园国度
马来西亚
作者:吴德广

亲近的大象之邦
泰国
作者:杨冠群

自然天成
新西兰
作者:郭贵芳

梦幻大陆
美国
作者:万经章

南方大陆
澳大利亚
作者:吴克明

浓情地中海
意大利
作者:董志仁

对话自然
瑞典
作者:张兵

情迷爱琴海
希腊
作者:谢敏 甄建国 赵亚力

文化盛宴
法国
作者:施燕华

激情探戈
阿根廷
作者:张沙鹰

伏尔加风韵
俄罗斯
作者:景佩帆

天人合一
马尔代夫
作者:刘一斌

石雕王国的风韵
津巴布韦
作者:戴严

樱花之国
日本
作者:许青红

赤道上的翡翠
印度尼西亚
作者:刘新生

黄金和宝石的国度
哥伦比亚
作者:汤铭新

热舞弗拉门戈
西班牙
作者:汤永贵

风景胜画
德国
作者:梅兆荣

天堂秘境
文莱
作者:刘新生

缤纷郁金香
荷兰
作者:朱祖寿

湖光山色
瑞士
作者:许赟之 王庆忠

峡湾之国
挪威
作者:马恩汉

经典之魅
奥地利
作者:卢永华 张志京

古典与前卫
英国
作者:马振岗

七千年古韵
埃及
作者:刘振堂 黄培昭

波斯风情
伊朗
作者:刘振堂

阳光南欧
葡萄牙
作者:熊伟

安第斯山的传说
秘鲁
作者:王世申 周义琴

本书系购买方式:

1.各地新华书店均有零售

2.淘宝网购

安徒生故乡
丹麦
作者:甄建国

东方海上明珠
菲律宾
作者:黄桂芳

海湾珍珠
阿联酋
作者:张志军

加勒比绿鳄
古巴
作者:徐贻聪 徐丽丽

无穷花之邦
韩国
作者:张庭延 谭静

北京

中国国际旅行社总社有限公司
电话:8610-85228888
地址:北京市东城区东单北大街1号国旅大厦
网址:http://www.cits.cn/

中青旅控股股份有限公司
电话:40088-40086
地址:北京市东城区东直门南大街5号中青旅大厦
网址:http://www.aoyou.com/

中国康辉旅行社集团有限责任公司
电话:8610-65877676(总机)
地址:北京市农展馆南路5号京朝大厦一层
网址:http://www.cct.cn/

广州

广东省中国旅行社股份有限公司
电话:8620-83368888;40088-40011
地址:广州市越秀区回龙路8号
网址:http://www.gdcts.com/

广东省中妇旅国际旅行社有限责任公司
电话:8620-38371726
地址:广州市天河区珠江新城华穗路263号双城国际大厦东塔19层
网址:http://www.gwts.com.cn/

广东羊城之旅国际旅行社有限公司
电话:8620-83836222
地址:广州市越秀区越秀中路159号
网址:http://www.gdyczl.com/

国内四大城市出境游旅行社推荐

上海

上海春秋国际旅行社
电话:400-820-6222(24小时)
地址:上海市定西路1558号
网址:http:// www.china-sss.com/

上海锦江国际旅游股份有限公司
电话:800-820-8286
　　　400-820-8286
地址:上海市北京西路1277号国旅大厦
网址:http://www.jjtravel.com/

上海航空国际旅游(集团)有限公司
电话:962008
地址:上海市江苏路599号1-5楼
网址:http://www.satrip.com/

成都

四川省中国旅行社
电话:8628-68663138
地址:四川省成都市一环路南三段15号华侨大厦(中旅总部)4楼12室
网址:http://www.6cts.com/

四川康辉国际旅行社有限公司
电话:8628-86081599 8628-86082599
地址:成都市天仙桥北路1号守候大厦3楼B20室
网址:http://www.shutours.com/

四川省中国青年旅行社
电话:400-666-7643 /8628-81343333
地址:四川省成都市白丝街57-59号(玉带桥街)玉带家私写字楼六层
网址:http://www.scly028.com/

图书在版编目(CIP)数据

浓情地中海——意大利/董志仁著. -上海:上海锦绣文章出版社,2019.9重印
　(外交官带你看世界) ISBN 978-7-5452-0628-9
Ⅰ.①浓… Ⅱ.①董… Ⅲ.①意大利-概况 Ⅳ.①K954.6
中国版本图书馆CIP数据核字(2010)第076753号

出 品 人　何承伟
责任编辑　李　平
特约审读　王瑞祥
整体设计　周艳梅
图文制作　孙　娳
督　　印　张　凯

书　　名　浓情地中海——意大利
著　　者　董志仁
出　　版　上海锦绣文章出版社
出　　品　上海故事会文化传媒有限公司
发　　行　上海文艺出版社发行中心
　　　　　(上海市绍兴路50号　邮编：200020)
印　　刷　江苏恒华传媒有限公司
版　　次　2010年8月第1版　2019年9月第3次印刷
规　　格　889×1194
印　　数　7701~10700
印　　张　6
书　　号　ISBN 978-7-5452-0628-9/K·210
定　　价　35.00元

上海故事会文化传媒有限公司 出品(00297-15) www.storychina.cn

上海故事会文化传媒有限公司所有图书可办理邮购,免收邮费(挂号除外)
汇款地址　上海市南绍兴路74号(200020)
收 款 人　上海故事会文化传媒有限公司出版发行部
联系电话　021-64338113

　　　　　　　　如发现本书有质量问题。请与印刷厂质量科联系　T;0511-80867876